Entwurf eines Gesetzes

über den

Versicherungsvertrag

nebst den Entwürfen

eines zugehörigen Einführungsgesetzes und eines Gesetzes, betreffend Abänderung der Vorschriften des Handelsgesetzbuchs über die Seeversicherung.

Aufgestellt im Reichs-Justizamte.

Amtliche Ausgabe.

Berlin 1903.

J. Guttentag, Verlagsbuchhandlung,

G. m. b. H.

Druck der Norddeutschen Buchdruckerei, Berlin SW.

Entwurf eines Gesetzes über den Versicherungsvertrag.

Erster Abschnitt.

Vorschriften für sämtliche Versicherungszweige.

Erster Titel.

Allgemeine Vorschriften.

§. 1.

Bei der Schadensversicherung ist der Versicherer verpflichtet, nach dem Eintritte des Versicherungsfalls dem Versicherten den dadurch verursachten Vermögensschaden zu ersetzen. Bei der Lebensversicherung und der Unfallversicherung sowie bei anderen Arten der Personenversicherung ist der Versicherer verpflichtet, nach dem Eintritte des Versicherungsfalls den vereinbarten Betrag an Kapital oder Rente zu zahlen oder, soweit eine nicht in Geld bestehende Leistung vereinbart ist, diese zu bewirken.

Der Versicherte hat die vereinbarte Prämie zu entrichten. Als Prämie im Sinne dieses Gesetzes gelten auch die bei Versicherungsunternehmungen auf Gegenseitigkeit zu entrichtenden Beiträge.

§. 2.

Die Versicherung kann in der Weise genommen werden, daß sie in einem vor der Schließung des Vertrags liegenden Zeitpunkte beginnt.

Im Falle des Abs. 1 ist der Vertrag nichtig, wenn der Versicherer bei der Schließung weiß, daß die Möglichkeit des Eintritts des Versicherungsfalls schon ausgeschlossen ist. Das Gleiche gilt, wenn der Versicherte bei der Schließung weiß, daß der Versicherungsfall schon eingetreten ist.

Wird der Vertrag durch einen Bevollmächtigten oder einen Vertreter ohne Vertretungsmacht geschlossen, so kommt in den Fällen des Abs. 2 nicht nur die Kenntnis des Vertragschließenden, sondern auch die des Vertretenen in Betracht. Auf die Kenntnis des Vertretenen kommt es jedoch nicht an, wenn der Vertrag ohne sein Wissen geschlossen worden ist oder eine rechtzeitige Benachrichtigung des Vertreters nicht tunlich war.

§. 3.

Ist die Dauer der Versicherung nach Tagen, Wochen, Monaten oder nach einem mehrere Monate umfassenden Zeitraume bestimmt, so beginnt die Versicherung mit der Mittagsstunde des Tages, an welchem der Vertrag geschlossen wird. Sie endigt am Mittage des letzten Tages der Frist.

§. 4.

Der Versicherer ist verpflichtet, eine von ihm unterzeichnete Urkunde über den Versicherungsvertrag (Versicherungsschein) dem Versicherten auszuhändigen.

Ist ein Versicherungsschein abhanden gekommen oder vernichtet, so kann der Versicherte von dem Versicherer die Ausstellung einer Ersatzurkunde verlangen. Läßt das Gesetz die Kraftloserklärung des Versicherungsscheins zu, so ist der Versicherer erst nach der Kraftloserklärung zur Ausstellung verpflichtet.

Der Versicherte kann jederzeit Abschriften der Erklärungen fordern, die er mit Bezug auf den Vertrag abgegeben hat.

Die Kosten der Ersatzurkunde sowie der Abschriften hat der Versicherte zu tragen und auf Verlangen vorzuschießen.

§. 5.

Der Versicherungsschein kann nicht auf den Inhaber ausgestellt werden.

Ist bestimmt, daß der Versicherer nur gegen Rückgabe des Versicherungsscheins zu leisten hat, so genügt, wenn der Versicherte behauptet, zur Rückgabe außer stande zu sein, das öffentlich beglaubigte Anerkenntnis, daß die Schuld erloschen sei. Diese Vorschrift findet keine Anwendung, wenn das Gesetz die Kraftloserklärung des Versicherungsscheins zuläßt.

§. 6.

Auf eine Vereinbarung, nach welcher die Annahme des Versicherungsscheins die Wirkung haben soll, daß der Inhalt des Scheines als von dem Versicherten genehmigt gilt, kann sich der Versicherer nur berufen, wenn durch die Vereinbarung dem Versicherten eine Frist von mindestens einem Monate für die Erhebung eines Widerspruchs gewährt ist und der Versicherte innerhalb dieser Frist Widerspruch nicht erhoben hat. Das Recht des Versicherten, die Genehmigung wegen Irrtums anzufechten, kann durch eine solche Vereinbarung nicht ausgeschlossen werden.

§. 7.

Ist im Vertrage für eine von dem Versicherten vor dem Eintritte des Versicherungsfalls vorzunehmende Handlung eine Frist mit der Maßgabe bestimmt, daß die Versäumung der Frist das Erlöschen der Ansprüche oder einen sonstigen Rechtsnachteil für den Versicherten zur Folge haben soll, so tritt der Rechtsnachteil nicht ein, wenn die Versäumung den Umständen nach als eine unverschuldete anzusehen ist und die versäumte Handlung unverzüglich nachgeholt wird.

§. 8.

Ist im Vertrage bestimmt, daß die Verletzung einer Obliegenheit, die nach dem Eintritte des Versicherungsfalls dem Versicherer gegenüber zu erfüllen ist, das Erlöschen der Ansprüche oder einen sonstigen Rechtsnachteil für den Versicherten zur Folge haben soll, so tritt der Rechtsnachteil nur ein, wenn die Obliegenheit arglistig verletzt worden ist.

§. 9.

Auf eine Vereinbarung, durch welche von den Vorschriften der §§. 7, 8 zum Nachteile des Versicherten abgewichen wird, kann sich der Versicherer nicht berufen. Es kann jedoch vereinbart werden, daß dem Versicherer auch wegen einer nicht arglistigen Verletzung einer Obliegenheit, die ihm gegenüber nach dem Eintritte des Versicherungsfalls zu erfüllen ist, ein Geldbetrag als Strafe entrichtet werden soll; die Strafe darf fünf vom Hundert des Betrags, welchen der Versicherer zu zahlen hat, nicht übersteigen.

§. 10.

Die Ansprüche aus dem Versicherungsvertrage verjähren in zwei Jahren, bei der Lebensversicherung in fünf Jahren. Die Verjährung beginnt mit dem Schlusse des Jahres, in welchem die Leistung verlangt werden kann.

Eine Vereinbarung, durch welche die Verjährung der Ansprüche gegen den Versicherer erleichtert wird, ist nichtig. Das Gleiche gilt von einer Vereinbarung, nach welcher der Versicherer von der Verpflichtung zur Leistung frei sein soll, wenn der Anspruch auf die Leistung nicht innerhalb einer bestimmten Frist gerichtlich geltend gemacht wird.

§. 11.

Wird über das Vermögen des Versicherers der Konkurs eröffnet, so endigt das Versicherungsverhältnis.

§. 12.

Auf eine Vereinbarung, nach welcher im Falle der Eröffnung des Konkurses über das Vermögen des Versicherten das Versicherungsverhältnis erlöschen oder der Versicherer befugt sein soll, das Versicherungsverhältnis ohne Einhaltung einer Kündigungsfrist oder unter Einhaltung einer Kündigungsfrist von weniger als einem Monate zu kündigen, kann sich der Versicherer nicht berufen.

§. 13.

Als Versicherungsperiode im Sinne dieses Gesetzes gilt, falls nicht die Prämie nach kürzeren Zeitabschnitten bemessen ist, der Zeitraum eines Jahres.

Zweiter Titel.

Anzeige der Gefahrumstände. Gefahrerhöhung.

§. 14.

Wer einen Versicherungsvertrag schließt, hat alle ihm bei der Schließung bekannten Umstände, die für die Übernahme der Gefahr erheblich sind, dem Versicherer anzuzeigen.

Wird der Vertrag durch einen Bevollmächtigten oder durch einen Vertreter ohne Vertretungsmacht geschlossen, so sind auch die dem Vertretenen bekannten

Umstände anzuzeigen. Auf die dem Vertretenen bekannten Umstände kommt es jedoch nicht an, wenn der Vertrag ohne sein Wissen geschlossen worden ist oder eine rechtzeitige Benachrichtigung des Vertreters nicht tunlich war.

§. 15.

Der Versicherer kann von dem Vertrage zurücktreten, wenn den Vorschriften des §. 14 zuwider die Anzeige eines erheblichen Umstandes unterblieben ist. Das Gleiche gilt, wenn die Anzeige eines erheblichen Umstandes deshalb unterblieben ist, weil sich der Versicherte oder der Vertreter der Kenntnis des Umstandes arglistig entzogen hat.

Der Rücktritt ist ausgeschlossen, wenn der Versicherer den nicht angezeigten Umstand kannte oder wenn die Anzeige ohne Verschulden des Versicherten unterblieben ist.

§. 16.

Der Versicherer kann von dem Vertrage zurücktreten, wenn über einen erheblichen Umstand eine unrichtige Anzeige gemacht worden ist.

Der Rücktritt ist ausgeschlossen, wenn die Unrichtigkeit dem Versicherer bekannt war oder die Anzeige ohne Verschulden unrichtig gemacht worden ist.

§. 17.

Ein Umstand, nach welchem der Versicherer ausdrücklich und schriftlich gefragt hat, gilt im Zweifel als erheblich.

Hatte der Versicherte die Gefahrumstände an der Hand schriftlicher von dem Versicherer gestellter Fragen anzuzeigen, so kann der Versicherer wegen unterbliebener Anzeige eines Umstandes, nach welchem nicht ausdrücklich gefragt worden ist, nur im Falle arglistiger Verschweigung zurücktreten.

§. 18.

Der Rücktritt kann nur innerhalb eines Monats erfolgen. Die Frist beginnt mit dem Zeitpunkt, in welchem der Versicherer von der Verletzung der Anzeigepflicht Kenntnis erlangt.

Der Rücktritt erfolgt durch Erklärung gegenüber dem Versicherten. Im Falle des Rücktritts sind, soweit dieses Gesetz nicht in Ansehung der Prämie ein anderes bestimmt, beide Teile verpflichtet, einander die empfangenen Leistungen zurückzugewähren; eine Geldsumme ist von der Zeit des Empfanges an zu verzinsen.

§. 19.

Nach dem Abschlusse des Vertrags darf der Versicherte nicht ohne Einwilligung des Versicherers eine Erhöhung der Gefahr vornehmen oder deren Vornahme durch einen Dritten gestatten.

§. 20.

Im Falle einer Verletzung der Vorschrift des §. 19 kann der Versicherer das Versicherungsverhältnis ohne Einhaltung einer Kündigungsfrist kündigen. Beruht die Verletzung nicht auf einem Verschulden des Versicherten, so hat der Versicherte die Kündigung erst mit dem Ablauf eines Monats gegen sich gelten zu lassen.

Das Kündigungsrecht erlischt, wenn es nicht innerhalb eines Monats von dem Zeitpunkt an ausgeübt wird, in welchem der Versicherer von der Erhöhung der Gefahr Kenntnis erlangt, oder wenn der Zustand wiederhergestellt ist, der vor der Erhöhung bestanden hat.

§. 21.

Der Versicherer ist im Falle einer Verletzung der Vorschrift des §. 19 von der Verpflichtung zur Leistung frei, wenn der Versicherungsfall nach der Erhöhung der Gefahr eintritt.

Die Verpflichtung des Versicherers bleibt bestehen, wenn die Verletzung nicht auf einem Verschulden des Versicherten beruht. Das Gleiche gilt, wenn zur Zeit des Eintritts des Versicherungsfalls die Frist für die Ausübung des dem Versicherer zustehenden Kündigungsrechts abgelaufen und eine Kündigung nicht erfolgt ist oder wenn die Erhöhung der Gefahr keinen Einfluß auf den Eintritt des Versicherungsfalls und auf den Umfang der dem Versicherer obliegenden Leistung gehabt hat.

§. 22.

Die Vorschriften der §§. 19 bis 21 finden keine Anwendung, wenn der Versicherte zu der Erhöhung der Gefahr durch das Interesse des Versicherers oder durch ein Ereignis, für welches der Versicherer haftet, oder durch ein Gebot der Menschlichkeit veranlaßt wird.

§. 23.

Tritt nach dem Abschlusse des Vertrags eine Erhöhung der Gefahr unabhängig von dem Willen des Versicherten ein, so ist der Versicherer berechtigt, das Versicherungsverhältnis unter Einhaltung einer Kündigungsfrist von einem Monate zu kündigen. Die Vorschriften des §. 20 Abs. 2 finden entsprechende Anwendung.

Der Versicherte hat, sobald er von der Erhöhung der Gefahr Kenntnis erlangt, dem Versicherer unverzüglich Anzeige zu machen.

§. 24.

Wird die im §. 23 Abs. 2 vorgesehene Anzeige nicht rechtzeitig gemacht, so ist der Versicherer, wenn der Versicheruugsfall später als einen Monat nach dem Zeitpunkt eintritt, in welchem die Anzeige zu erfolgen hatte, von der Verpflichtung zur Leistung frei.

Die Verpflichtung des Versicherers bleibt bestehen, wenn in dem Zeitpunkt, in welchem die Anzeige zu erfolgen hatte, die Erhöhung der Gefahr ihm bekannt war. Das Gleiche gilt, wenn zur Zeit des Eintritts des Versicherungsfalls die Frist für die Ausübung des dem Versicherer zustehenden Kündigungsrechts abgelaufen und eine Kündigung nicht erfolgt ist oder wenn die Erhöhung der Gefahr keinen Einfluß auf den Eintritt des Versicherungsfalls und auf den Umfang der dem Versicherer obliegenden Leistung gehabt hat.

§. 25.

Eine Erhöhung der Gefahr im Sinne dieses Gesetzes liegt nur vor, wenn die Erhöhung auf der Änderung eines Umstandes beruht, dessen unveränderte Fortdauer der Versicherer bei der Schließung des Vertrags voraussetzen durfte.

Eine Änderung, durch welche die Gefahr in unerheblicher Weise erhöht wird, kommt nicht in Betracht.

Ist die unveränderte Fortdauer eines Umstandes mittelst schriftlicher Erklärung des Versicherten ausdrücklich bedungen worden, so ist, wenn eine Änderung des Umstandes erfolgt, im Zweifel anzunehmen, daß die Änderung eine erhebliche Erhöhung der Gefahr zur Folge gehabt hat.

§. 26.

Liegen die Voraussetzungen, unter denen der Versicherer nach den Vorschriften dieses Titels zum Rücktritt oder zur Kündigung berechtigt ist, in Ansehung eines Teiles der Gegenstände oder Personen vor, auf welche sich die Versicherung bezieht, so steht dem Versicherer das Recht des Rücktritts oder der Kündigung für den übrigen Teil nur zu, wenn für diesen allein der Versicherer den Vertrag unter den gleichen Bestimmungen nicht geschlossen haben würde.

Macht der Versicherer von dem Rechte des Rücktritts oder der Kündigung in Ansehung eines Teiles der Gegenstände oder Personen Gebrauch, so kann der Versicherte das Versicherungsverhältnis in Ansehung des übrigen Teiles ohne Einhaltung einer Kündigungsfrist kündigen. Das Kündigungsrecht des Versicherten erlischt, wenn es nicht bis zum Schlusse der laufenden Versicherungsperiode geltend gemacht wird.

In den Fällen, in denen nach den §§. 21, 24 der Versicherer von der Verpflichtung zur Leistung frei ist, findet die Vorschrift des Abs. 1 entsprechende Anwendung.

§. 27.

Auf eine Vereinbarung, durch welche von den Vorschriften der §§. 14 bis 25 zum Nachteile des Versicherten abgewichen wird, kann sich der Versicherer nicht berufen.

Für die Anzeige, welche der Versicherte bei der Schließung des Vertrags oder nach einer Erhöhung der Gefahr zu machen hat, kann die schriftliche Form vereinbart werden.

Dritter Titel.

Prämie.

§. 28.

Der Versicherte hat die Prämie und, wenn laufende Prämien bedungen sind, die erste Prämie sofort nach dem Abschlusse des Vertrags zu zahlen. Er ist zur Zahlung nur gegen Aushändigung des Versicherungsscheins verpflichtet, es sei denn, daß die Ausstellung eines Versicherungsscheins ausgeschlossen ist.

§. 29.

Leistungsort für die Entrichtung der Prämie ist der Wohnsitz des Versicherten; der Versicherte hat jedoch auf seine Gefahr und seine Kosten die Prämie dem Versicherer zu übermitteln.

Hat der Versicherte die Versicherung in seinem Gewerbebetriebe genommen, so tritt, wenn er seine gewerbliche Niederlassung an einem anderen Orte hat, der Ort der Niederlassung an die Stelle des Wohnsitzes.

§. 30.

Ist die Prämie regelmäßig bei dem Versicherten eingezogen worden, so ist dieser zur Übermittelung der Prämie erst verpflichtet, wenn ihm der Versicherer schriftlich anzeigt, daß er die Übermittelung verlange.

§. 31.

Wird eine Prämienzahlung, die vor oder bei dem Beginne der Versicherung zu erfolgen hat, nicht rechtzeitig bewirkt, so ist der Versicherer von der Verpflichtung zur Leistung frei, wenn der Versicherungsfall vor der Zahlung eintritt.

Der Versicherer ist, wenn die Zahlung nicht rechtzeitig bewirkt wird, berechtigt, das Versicherungsverhältnis unter Einhaltung einer Kündigungsfrist von einem Monate zu kündigen. Die Wirkungen der Kündigung treten nicht ein, wenn die Zahlung bis zum Ablaufe der Kündigungsfrist erfolgt.

§. 32.

War zur Zeit des Eintritts des Versicherungsfalls der Versicherungsschein dem Versicherten ausgehändigt, so ist der Versicherer zur Leistung verpflichtet, auch wenn die Prämie noch nicht gezahlt worden ist. Eine Bestimmung, nach welcher der Vertrag ungeachtet der Aushändigung des Versicherungsscheins erst mit der Zahlung der Prämie wirksam wird, gilt als nicht getroffen.

§. 33.

Wird eine Prämienzahlung, die nach dem Beginne der Versicherung zu erfolgen hat, nicht rechtzeitig bewirkt, so kann der Versicherer dem Versicherten auf dessen Kosten eine Zahlungsfrist bestimmen. Tritt der Versicherungsfall nach dem Ablaufe der Frist ein und ist zur Zeit des Eintritts der Versicherte mit der Zahlung der Prämie oder der geschuldeten Zinsen oder Kosten im Verzuge, so ist der Versicherer von der Verpflichtung zur Leistung frei. Der Versicherer ist nach dem Ablaufe der Frist, wenn der Versicherte mit der Zahlung im Verzug ist, berechtigt, das Versicherungsverhältnis ohne Einhaltung einer Kündigungsfrist zu kündigen.

Die Bestimmung der Zahlungsfrist hat schriftlich zu geschehen und eine genaue Angabe der Rechtsfolgen zu enthalten, welche nach Abs. 1 mit dem Ablaufe der Frist verbunden sind. Die Frist darf nicht weniger als zwei Wochen betragen. Eine Fristbestimmung, die ohne Beobachtung dieser Vorschriften erfolgt, ist unwirksam.

Soweit die im Abs. 1 bezeichneten Rechtsfolgen davon abhängen, daß Zinsen oder Kosten nicht gezahlt worden sind, treten die Rechtsfolgen nur ein, wenn die Fristbestimmung die Höhe der Zinsen oder den Betrag der Kosten angibt.

§. 34.

Wird das Versicherungsverhältnis auf Grund der Vorschriften dieses oder des vorhergehenden Titels durch Rücktritt oder Kündigung aufgehoben, so gebührt dem Versicherer gleichwohl die Prämie, jedoch nicht über die laufende Versicherungsperiode hinaus. Kündigt der Versicherer gemäß §. 31 Abs. 2, so kann er nur eine angemessene Geschäftsgebühr, jedoch nicht mehr als den halben Betrag einer Jahresprämie, verlangen.

Ist ein Versicherungsvertrag auf Grund der Vorschriften des §. 2 nichtig, weil der Versicherte oder sein Vertreter wußte, daß der Versicherungsfall schon eingetreten war, so gebührt dem Versicherer, wenn er nicht bei der Schließung des Vertrags von der Nichtigkeit Kenntnis hatte, die Prämie bis zum Schlusse der Versicherungsperiode, in welcher er von der Nichtigkeit Kenntnis erlangt.

Endigt das Versicherungsverhältnis infolge der Eröffnung des Konkurses über das Vermögen des Versicherers, so kann der Versicherte den auf die Zeit nach der Beendigung des Versicherungsverhältnisses entfallenden Teil der Prämie unter Abzug des Betrags der für diese Zeit aufgewendeten Kosten zurückfordern.

§. 35.

Ist die dem Versicherten bei der Schließung des Vertrags obliegende Anzeigepflicht verletzt worden, das Rücktrittsrecht des Versicherers aber ausgeschlossen, weil dem anderen Teile ein Verschulden nicht zur Last fällt, so kann der Versicherer, falls er die höhere Gefahr nach dem von ihm bei der Schließung des Vertrags zu Grunde gelegten Tarife nur gegen Zahlung einer höheren Prämie übernimmt, von dem Beginne der laufenden Versicherungsperiode an die höhere Prämie verlangen. Das Gleiche gilt, wenn bei der Schließung des Vertrags ein für die Übernahme der Gefahr erheblicher Umstand dem Versicherer nicht angezeigt worden ist, weil er dem anderen Teile nicht bekannt war. Wird die höhere Gefahr nach den für den Geschäftsbetrieb des Versicherers geltenden Bestimmungen auch gegen die Zahlung einer höheren Prämie nicht übernommen, so kann der Versicherer das Versicherungsverhältnis unter Einhaltung einer Kündigungsfrist von einem Monate kündigen.

Der Anspruch auf die höhere Prämie erlischt, wenn er nicht innerhalb eines Monats von dem Zeitpunkt an geltend gemacht wird, in welchem der Versicherer von der Verletzung der Anzeigepflicht oder von dem nicht angezeigten Umstande Kenntnis erlangt. Das Gleiche gilt von dem Kündigungsrechte, wenn es nicht innerhalb des bezeichneten Zeitraums ausgeübt wird.

§. 36.

Auf eine Vereinbarung, durch welche von den Vorschriften der §§. 30 bis 35 zum Nachteile des Versicherten abgewichen wird, kann sich der Versicherer nicht berufen. Es kann jedoch vereinbart werden, daß dem Versicherer die ganze Prämie gebührt, wenn er auf Grund der §§. 15, 16 von dem Vertrage zurücktritt und eine arglistige Verletzung der Anzeigepflicht vorliegt oder wenn der Versicherungsvertrag auf Grund der Vorschriften des §. 2 nichtig ist, weil der Versicherte oder sein Vertreter wußte, daß der Versicherungsfall schon eingetreten war.

Vierter Titel.

Versicherungsfall.

§. 37.

Der Versicherte ist, sobald er von dem Eintritte des Versicherungsfalls Kenntnis erlangt, verpflichtet, dem Versicherer unverzüglich Anzeige zu machen. Steht das Recht auf die Leistung einem anderen als dem Versicherten zu, so liegt die Pflicht zur Anzeige dem anderen ob.

§. 38.

Der Versicherer kann nach dem Eintritte des Versicherungsfalls verlangen, daß der Versicherte jede Auskunft erteilt, die zur Feststellung des Versicherungsfalls oder des Umfanges der Leistungspflicht des Versicherers erforderlich ist. Steht das Recht auf die Leistung einem anderen als dem Versicherten zu, so liegt die Pflicht zur Auskunft dem anderen ob.

Belege kann der Versicherer nur insoweit fordern, als die Beschaffung billiger Weise dem Versicherten zugemutet werden kann. Auf eine Vereinbarung, durch welche von dieser Vorschrift zum Nachteile des Versicherten abgewichen wird, kann sich der Versicherer nicht berufen.

§. 39.

Zur Sicherung des Beweises kann jeder Teil eine gerichtliche Beweisaufnahme über den Eintritt des Versicherungsfalls oder über den Umfang der hierdurch begründeten Leistungspflicht des Versicherers beantragen, auch wenn die Voraussetzungen des §. 485 der Civilprozeßordnung nicht vorliegen.

§. 40.

Auf eine Vereinbarung, nach welcher die Leistung des Versicherers erst mit der Feststellung des Anspruchs durch Anerkenntnis, Vergleich oder rechtskräftiges Urteil fällig werden soll, kann sich der Versicherer nicht berufen.

Fünfter Titel.

Versicherungsagenten.

§. 41.

Ein Versicherungsagent gilt, auch wenn er nur mit der Vermittelung von Versicherungsgeschäften betraut ist, als bevollmächtigt, in dem Versicherungszweige, für den er bestellt ist:

1. Anträge auf Schließung eines Versicherungsvertrags sowie den Widerruf solcher Anträge entgegenzunehmen;
2. die Anzeigen, welche während der Versicherung zu machen sind, sowie Kündigungs- und Rücktrittserklärungen oder sonstige das Versicherungsverhältnis betreffende Erklärungen von dem Versicherten entgegenzunehmen;

3. die von dem Versicherer ausgefertigten Versicherungsscheine oder Verlängerungsscheine auszuhändigen;
4. fällige Prämien anzunehmen.

§. 42.

Ist ein Versicherungsagent zum Abschlusse von Versicherungsverträgen bevollmächtigt, so ist er auch befugt, die Änderung oder Verlängerung solcher Verträge zu vereinbaren sowie Kündigungs- und Rücktrittserklärungen abzugeben.

§. 43.

Soweit nach den Vorschriften dieses Gesetzes die Kenntnis des Versicherers von Erheblichkeit ist, steht die Kenntnis eines nur mit der Vermittelung von Versicherungsgeschäften betrauten Agenten der Kenntnis des Versicherers nicht gleich.

§. 44.

Eine Beschränkung der dem Versicherungsagenten nach den Vorschriften dieses Titels zustehenden Vertretungsmacht braucht ein Dritter nur dann gegen sich gelten zu lassen, wenn er die Beschränkung bei der Vornahme des Geschäfts oder der Rechtshandlung kannte oder kennen mußte.

Auf eine Vereinbarung, durch welche von der Vorschrift des Abs. 1 abgewichen wird, kann sich der Versicherer nicht berufen. Die Vorschrift des §. 27 Abs. 2 bleibt unberührt.

Zweiter Abschnitt.
Schadensversicherung.

Erster Titel.
Vorschriften für die gesamte Schadensversicherung.

I. Inhalt des Vertrags.

§. 45.

Der Versicherer hat den Schadensersatz in Geld zu leisten.

§. 46.

Der Versicherer haftet nur bis zur Höhe der Versicherungssumme.

§. 47.

Ergibt sich, daß die Versicherungssumme erheblich höher ist als der Wert des versicherten Interesses (Versicherungswert), so kann sowohl der Versicherer als der Versicherte verlangen, daß die Versicherungssumme, unter entsprechender Ermäßigung der Prämie für die künftigen Versicherungsperioden, herabgesetzt wird.

Hat der Versicherte eine Versicherung, bei welcher die Versicherungssumme den Versicherungswert übersteigt, in der Absicht abgeschlossen, sich einen rechtswidrigen Vermögensvorteil zu verschaffen, so ist der Vertrag nichtig. Dem Versicherer gebührt gleichwohl die ganze Prämie, es sei denn, daß ihm die Absicht des Versicherten bekannt war.

§. 48.

Bezieht sich die Versicherung auf eine Sache, so gilt, soweit sich nicht aus den Umständen ein anderes ergibt, der Wert der Sache als Versicherungswert.

§. 49.

Die Versicherung umfaßt den durch den Eintritt des Versicherungsfalls entgehenden Gewinn nur, soweit dies besonders vereinbart ist.

§. 50.

Der Versicherer ist, auch wenn die Versicherungssumme höher ist als der Versicherungswert zur Zeit des Eintritts des Versicherungsfalls, nicht verpflichtet, dem Versicherten mehr als den Betrag des Schadens zu ersetzen.

§. 51.

Ist die Versicherungssumme niedriger als der Versicherungswert zur Zeit des Eintritts des Versicherungsfalls (Unterversicherung), so haftet der Versicherer für den Schaden nur nach dem Verhältnisse der Versicherungssumme zu diesem Werte.

§. 52.

Der Versicherungswert kann durch Vereinbarung auf einen bestimmten Betrag (Taxe) festgesetzt werden. Die Taxe gilt auch als der Wert, den das versicherte Interesse zur Zeit des Eintritts des Versicherungsfalls hat, es sei denn, daß sie den wirklichen Versicherungswert in diesem Zeitpunkt erheblich übersteigt. Ist die Versicherungssumme niedriger als die Taxe, so haftet der Versicherer, auch wenn die Taxe erheblich übersetzt ist, für den Schaden nur nach dem Verhältnisse der Versicherungssumme zur Taxe.

§. 53.

Wird ein versichertes Interesse später gegen dieselbe Gefahr bei einem anderen Versicherer versichert, so ist diesem bei der Schließung des Vertrags von der früheren Versicherung, dem ersten Versicherer unverzüglich nach der Schließung von der neuen Versicherung Mitteilung zu machen.

In der Mitteilung ist der Versicherer, bei welchem die andere Versicherung genommen worden ist, zu bezeichnen und die Versicherungssumme anzugeben.

Auf eine Vereinbarung, nach welcher die Verletzung der Verpflichtung zur Mitteilung der anderen Versicherung das Erlöschen der Ansprüche oder einen sonstigen Rechtsnachteil für den Versicherten zur Folge haben soll, kann sich der Versicherer nicht berufen, wenn dem Versicherten ein Verschulden nicht zur Last fällt.

§. 54.

Ist ein Interesse gegen dieselbe Gefahr bei mehreren Versicherern versichert und übersteigen die Versicherungssummen zusammen den Wert, den das versicherte Interesse zur Zeit des Eintritts des Versicherungsfalls hat (Doppelversicherung), so sind die Versicherer in der Weise als Gesamtschuldner verpflichtet, daß dem Versicherten jeder Versicherer für den Betrag haftet, dessen Zahlung ihm nach seinem Vertrag obliegt, der Versicherte aber im ganzen nicht mehr als den Betrag des Schadens verlangen kann.

Die Versicherer sind im Verhältnisse zu einander zu Anteilen nach Maßgabe der Beträge verpflichtet, deren Zahlung ihnen dem Versicherten gegenüber vertragsmäßig obliegt.

Hat der Versicherte Verträge in der Absicht geschlossen, sich durch Doppelversicherung einen rechtswidrigen Vermögensvorteil zu verschaffen, so sind die sämtlichen in dieser Absicht geschlossenen Verträge nichtig. Ein ohne solche Absicht eingegangenes Versicherungsverhältnis endigt, wenn später ein anderes Versicherungsverhältnis in solcher Absicht eingegangen wird. Jeder Versicherer kann die ganze Prämie verlangen.

§. 55.

Der Versicherer ist auch dann zur Leistung verpflichtet, wenn der Versicherungsfall durch das Verhalten des Versicherten herbeigeführt worden ist, es sei denn, daß das Verhalten auf Vorsatz oder grober Fahrlässigkeit beruht.

§. 56.

Der Versicherte ist verpflichtet, nach dem Eintritte des Versicherungsfalls, soweit tunlich, für die Abwendung und die Minderung des Schadens zu sorgen und dabei die Weisungen des Versicherers zu befolgen; er hat, wenn die Umstände es gestatten, solche Weisungen einzuholen. Sind mehrere Versicherer beteiligt und sind von ihnen entgegenstehende Weisungen gegeben, so hat der Versicherte nach eigenem pflichtmäßigen Ermessen zu handeln.

§. 57.

Soll nach dem Vertrage die Höhe des Schadens im Wege eines Abschätzungsverfahrens durch Sachverständige bestimmt werden, so ist die getroffene Bestimmung nicht verbindlich, wenn das Ergebnis offenbar von der wirklichen Sachlage erheblich abweicht. Die Bestimmung erfolgt in diesem Falle durch Urteil. Das Gleiche gilt, wenn die Sachverständigen die Bestimmung nicht treffen können oder wollen oder sie verzögern.

Sind nach dem Vertrage die Sachverständigen durch das Gericht zu ernennen, so ist für die Ernennung das Amtsgericht zuständig, in dessen Bezirke der Schaden entstanden ist. Durch eine ausdrückliche Vereinbarung der Beteiligten kann die Zuständigkeit eines anderen Amtsgerichts begründet werden. Eine Anfechtung der Verfügung, durch welche dem Antrag auf Ernennung der Sachverständigen stattgegeben wird, ist ausgeschlossen.

Eine Vereinbarung, durch welche von der Vorschrift des Abs. 1 Satz 1 abgewichen wird, ist nichtig.

§. 58.

Aufwendungen, die der Versicherte zur Abwendung oder Minderung des Schadens macht, fallen, auch wenn sie erfolglos bleiben, dem Versicherer zur Last, soweit der Versicherte sie den Umständen nach für geboten halten durfte. Der Versicherer hat Aufwendungen, die in Gemäßheit der von ihm gegebenen Weisungen gemacht worden sind, auch insoweit zu ersetzen, als sie zusammen mit der übrigen Entschädigung die Versicherungssumme übersteigen. Er hat den für die Aufwendungen erforderlichen Betrag auf Verlangen des Versicherten vorzuschießen.

Bei einer Unterversicherung sind die Aufwendungen nur nach dem in den §§. 51, 52 bezeichneten Verhältnisse zu erstatten.

§. 59.

Ist der Schaden bis zum Ablaufe von zwei Monaten seit der Anzeige des Versicherungsfalls ohne Verschulden des Versicherten noch nicht vollständig festgestellt, so kann der Versicherte in Anrechnung auf die Gesamtforderung die Zahlung des Betrags verlangen, den der Versicherer nach Lage der Sache mindestens zu zahlen hat.

§. 60.

Der Versicherer hat dem Versicherten die Kosten, welche durch die Ermittelung und Feststellung des dem Versicherer zur Last fallenden Schadens entstehen, insoweit zu erstatten, als ihre Aufwendung den Umständen nach geboten ist.

Die Kosten, welche dem Versicherten durch die Zuziehung eines Sachverständigen oder eines Beistandes entstehen, hat der Versicherer nicht zu erstatten, es sei denn, daß der Versicherte nach dem Vertrage zu der Zuziehung verpflichtet war.

Bei einer Unterversicherung sind die nach den Abs. 1, 2 dem Versicherer zur Last fallenden Kosten nur nach dem in den §§. 51, 52 bezeichneten Verhältnisse zu erstatten.

Im Falle des §. 57 kann der Versicherte den Ersatz der ihm durch das Abschätzungsverfahren entstandenen Kosten nach dem Verhältnisse verlangen, in welchem der ihm zugesprochene Teil des streitigen Betrags zu dem gesamten streitigen Betrage steht.

§. 61.

Steht dem Versicherten ein Anspruch auf Ersatz des Schadens gegen einen Dritten zu, so geht der Anspruch auf den Versicherer über, soweit dieser dem Versicherten den Schaden ersetzt. Der Übergang kann nicht zum Nachteile des Versicherten geltend gemacht werden. Gibt der Versicherte seinen Anspruch gegen den Dritten oder ein zur Sicherung des Anspruchs dienendes Recht auf, so wird der Versicherer von seiner Ersatzpflicht insoweit frei, als er aus dem Anspruch oder dem Rechte hätte Ersatz erlangen können.

Richtet sich der Ersatzanspruch des Versicherten gegen einen mit ihm in häuslicher Gemeinschaft lebenden Familienangehörigen, so ist der Übergang ausgeschlossen; der Anspruch geht jedoch über, wenn der Angehörige den Schaden vorsätzlich oder durch grobe Fahrlässigkeit verursacht hat.

§. 62.

Der Versicherer haftet nach dem Eintritt eines Versicherungsfalls für den durch einen späteren Versicherungsfall verursachten Schaden nur bis zur Höhe des Restbetrags der Versicherungssumme. Für die künftigen Versicherungsperioden gebührt ihm nur ein verhältnismäßiger Teil der Prämie.

§. 63.

Soweit gemäß §. 62 nach dem Eintritt eines Versicherungsfalls das Versicherungsverhältnis fortbesteht, ist jeder Teil berechtigt, es zu kündigen, der Versicherer unter Einhaltung einer Frist von einem Monate, der Versicherte ohne Einhaltung einer Kündigungsfrist.

Das Kündigungsrecht erlischt, wenn es nicht unverzüglich nach der Zahlung der Entschädigung oder, falls der Versicherer den Ersatz verweigert, innerhalb eines Monats nach der Verweigerung ausgeübt wird.

Wird das Versicherungsverhältnis gekündigt, so gebührt dem Versicherer die Prämie für die laufende Versicherungsperiode. Kündigt der Versicherer, so gebührt ihm von der auf den Restbetrag der Versicherungssumme entfallenden Prämie nur der Teil, welcher der schon abgelaufenen Versicherungszeit entspricht.

§. 64.

Besteht das Interesse, für welches die Versicherung genommen ist, bei dem Beginne der Versicherung ganz oder teilweise nicht oder gelangt, falls die Versicherung für ein künftiges Unternehmen oder sonst für ein künftiges Interesse genommen ist, das Interesse ganz oder teilweise nicht zur Entstehung, so ist der Versicherte ganz oder zu einem verhältnismäßigen Teile von der Verpflichtung zur Zahlung der Prämie frei; der Versicherer kann, soweit ihm die Prämie hiernach nicht gebührt, eine angemessene Geschäftsgebühr, jedoch nicht mehr als den halben Betrag einer Jahresprämie, verlangen.

Fällt das Interesse, für welches die Versicherung genommen ist, nach dem Beginne der Versicherung vollständig weg, so gebührt dem Versicherer die Prämie für die laufende Versicherungsperiode; fällt das Interesse nur teilweise weg, so behält er außerdem den Anspruch auf eine verhältnismäßig geminderte Prämie für die künftigen Versicherungsperioden.

§. 65.

Eine Vereinbarung, nach welcher ein für eine bestimmte Zeit eingegangenes Versicherungsverhältnis mit dem Ablaufe dieser Zeit als stillschweigend verlängert gelten soll, wenn es nicht vorher gekündigt wird, ist insoweit nichtig, als die Verlängerung für mehr als ein Jahr bedungen ist.

II. Veräußerung der versicherten Sache.

§. 66.

Wird die versicherte Sache von dem Versicherten veräußert, so tritt an Stelle des Veräußerers der Erwerber in die sich während der Dauer seines Eigentums aus dem Versicherungsverhältnis ergebenden Rechte und Pflichten des Versicherten ein.

Die Veräußerung ist dem Versicherer unverzüglich anzuzeigen.

§. 67.

Für die Prämie, welche auf die zur Zeit des Eintritts laufende Versicherungsperiode entfällt, haften der Veräußerer und der Erwerber als Gesamtschuldner.

Der Versicherer hat in Ansehung der durch das Versicherungsverhältnis gegen ihn begründeten Forderungen die Veräußerung erst dann gegen sich gelten zu lassen, wenn er von ihr Kenntnis erlangt; die Vorschriften der §§. 406 bis 408 des Bürgerlichen Gesetzbuchs finden entsprechende Anwendung.

§. 68.

Der Versicherer ist berechtigt, dem Erwerber das Versicherungsverhältnis unter Einhaltung einer Frist von mindestens einem Monate zu kündigen. Das Kündigungsrecht erlischt, wenn der Versicherer es nicht innerhalb eines Monats von dem Zeitpunkt an ausübt, in welchem er von der Veräußerung Kenntnis erlangt.

§. 69.

Wird die im §. 66 Abs. 2 vorgesehene Anzeige weder von dem Erwerber noch von dem Veräußerer rechtzeitig gemacht, so ist der Versicherer, wenn der Versicherungsfall später als einen Monat nach dem Zeitpunkt eintritt, in welchem die Anzeige zu erfolgen hatte, von der Verpflichtung zur Leistung frei.

Die Verpflichtung des Versicherers zur Leistung bleibt bestehen, wenn in dem Zeitpunkt, in welchem die Anzeige zu erfolgen hatte, die Veräußerung ihm bekannt war. Das Gleiche gilt, wenn zur Zeit des Eintritts des Versicherungsfalls die Frist zur Ausübung des dem Versicherer zustehenden Kündigungsrechts abgelaufen und eine Kündigung nicht erfolgt ist.

§. 70.

Der Eintritt des Erwerbers in die Rechte und Pflichten des Versicherten kann durch eine Vereinbarung zwischen diesem und dem Erwerber ausgeschlossen werden.

Hat der Erwerber von der Versicherung keine Kenntnis gehabt, so kann er das Versicherungsverhältnis ohne Einhaltung einer Kündigungsfrist kündigen. Das Kündigungsrecht erlischt, wenn der Erwerber es nicht innerhalb eines Monats von dem Zeitpunkt an ausübt, in welchem er von der Versicherung Kenntnis erlangt.

§. 71.

Wird das Versicherungsverhältnis auf Grund des §. 68 oder des §. 70 Abs. 2 gekündigt, so hat der Veräußerer dem Versicherer die Prämie zu zahlen, jedoch nicht über die zur Zeit der Beendigung des Versicherungsverhältnisses laufende Versicherungsperiode hinaus; eine Haftung des Erwerbers für die Prämie findet in diesen Fällen nicht statt.

§. 72.

Auf eine Bestimmung des Versicherungsvertrags, durch welche von den Vorschriften der §§. 66 bis 71 zum Nachteile des Erwerbers abgewichen wird, kann sich der Versicherer nicht berufen.

§. 73.

Bei einer Zwangsversteigerung der versicherten Sache finden die Vorschriften der §§. 66 bis 72 mit der Maßgabe entsprechende Anwendung, daß der Ersteher auch dann kündigen kann, wenn er von der Versicherung Kenntnis gehabt hat. Im Falle einer solchen Kenntnis erlischt das Kündigungsrecht des Erwerbers, wenn es nicht innerhalb eines Monats nach dem Zuschlag ausgeübt wird.

III. Versicherung für fremde Rechnung.

§. 74.

Die Versicherung kann von demjenigen, welcher den Vertrag mit dem Versicherer schließt, im eigenen Namen für einen anderen, mit oder ohne Benennung der Person des Versicherten, genommen werden (Versicherung für fremde Rechnung).

Ergibt sich aus den Umständen nicht, daß die Versicherung für fremde Rechnung genommen werden soll, so gilt sie als für eigene Rechnung genommen.

§. 75.

Bei der Versicherung für fremde Rechnung stehen die Rechte aus dem Versicherungsvertrage dem Versicherten zu. Die Aushändigung eines Versicherungsscheins kann jedoch nur der Versicherungsnehmer verlangen.

Der Versicherte kann über seine Rechte ohne Zustimmung des Versicherungsnehmers nur verfügen, wenn er im Besitz eines Versicherungsscheins ist.

§. 76.

Der Versicherungsnehmer kann über die Rechte aus dem Versicherungsvertrag im eigenen Namen verfügen. Zur Geltendmachung der Entschädigungsforderung ist er jedoch ohne Zustimmung des Versicherten nicht befugt, wenn dieser im Besitz eines Versicherungsscheins ist.

Der Versicherer ist zur Zahlung der Entschädigung nur verpflichtet, wenn der Versicherungsnehmer ihm gegenüber nachweist, daß der Versicherte seine Zustimmung zu der Versicherung erteilt hat.

§. 77.

Der Versicherer kann gegen die Entschädigungsforderung eine Forderung, die ihm gegen den Versicherungsnehmer zusteht, insoweit aufrechnen, als sie auf dem Versicherungsverhältnisse beruht.

§. 78.

Die Vorschriften dieses Gesetzes, nach welchen im Falle der Schließung des Vertrags durch einen Vertreter nicht nur die Kenntnis oder Arglist des Vertreters, sondern auch die des Vertretenen in Betracht kommt, finden bei der Versicherung für fremde Rechnung auf die Kenntnis sowie die Arglist des Versicherungsnehmers und des Versicherten entsprechende Anwendung.

§. 79.

Ist die Versicherung für Rechnung „wen es angeht“ genommen oder ist in anderer Weise unbestimmt gelassen, ob eigenes oder fremdes Interesse versichert ist, so kommen die Vorschriften der §§. 75 bis 78 zur Anwendung, wenn sich ergibt, daß fremdes Interesse versichert ist.

Zweiter Titel.

Feuerversicherung.

§. 80.

Bei der Feuerversicherung erlischt ein dem Versicherer gemachter Antrag auf Schließung, Verlängerung oder Änderung des Vertrags, wenn er nicht binnen einer Frist von zwei Wochen angenommen wird. Die Vorschriften des §. 149 des Bürgerlichen Gesetzbuchs bleiben unberührt.

Wird der Antrag einem Abwesenden gemacht, so beginnt die Frist mit dem Tage der Absendung des Antrags.

Eine Bestimmung, durch welche von den Vorschriften der Abs. 1, 2 abgewichen wird, ist nichtig. Es kann jedoch an Stelle der im Abs. 1 Satz 1 bezeichneten Frist eine andere festbestimmte Frist gesetzt werden.

§. 81.

Der Versicherer haftet für den durch Brand entstehenden Schaden ohne Rücksicht auf die Ursache des Brandes. Er haftet jedoch nicht, wenn der Brand durch Maßregeln verursacht wird, die im Kriege oder nach der Erklärung des Kriegszustandes von einem militärischen Befehlshaber angeordnet worden sind, oder wenn der Brand bei einem Aufruhr oder einem Landfriedensbruch entsteht.

§. 82.

Der Versicherer hat den Schaden zu ersetzen, welcher die versicherten Sachen durch die unmittelbare Einwirkung des Feuers oder als unvermeidliche Folge des Brandereignisses trifft (Brandschaden).

Als Brandschaden ist auch ein Schaden anzusehen, der bei dem Brande durch Löschen, Niederreißen oder Ausräumen entsteht. Das Gleiche gilt von einem Schaden, der dadurch entsteht, daß versicherte Sachen bei dem Brande abhanden kommen.

§. 83.

Als Brandschaden gilt auch ein Schaden, der durch Blitzschlag oder durch Explosion verursacht ist.

§. 84.

Ist die Versicherung für einen Inbegriff von Sachen genommen, so umfaßt sie die jeweils zu dem Inbegriffe gehörenden Sachen.

Die Versicherung erstreckt sich auf die Sachen der zur Familie des Versicherten gehörenden sowie der in einem Dienstverhältnisse zu ihm stehenden Personen, sofern diese Personen in häuslicher Gemeinschaft mit dem Versicherten leben. Die Versicherung gilt insoweit als für fremde Rechnung genommen.

§. 85.

Als Versicherungswert gilt bei Haushalts- und sonstigen Gebrauchsgegenständen, bei Arbeitsgerätschaften und Maschinen derjenige Betrag, welcher erforderlich ist, um Sachen gleicher Art anzuschaffen, unter Abzug eines dem Unterschiede zwischen alt und neu entsprechenden Betrags.

§. 86.

Ist bei der Versicherung beweglicher Sachen eine Taxe vereinbart, so gilt diese nur als der Wert, den das versicherte Interesse zur Zeit der Schließung des Vertrags hat.

§. 87.

Als Versicherungswert gilt bei Gebäuden der ortsübliche Bauwert unter Abzug eines dem Zustande des Gebäudes, insbesondere dem Alter und der Abnutzung, entsprechenden Betrags.

§. 88.

Bei der Versicherung des durch den Eintritt des Versicherungsfalls entgehenden Gewinns kann eine Taxe nicht vereinbart werden.

§. 89.

Wird in Ansehung einer Sache, welche in der Weise versichert ist, daß die Versicherung den durch den Eintritt des Versicherungsfalls entgehenden Gewinn nicht umfaßt, bei einem anderen Versicherer der entgehende Gewinn versichert, so finden die Vorschriften des §. 53 entsprechende Anwendung. Das Gleiche gilt, wenn eine Sache, in Ansehung deren nur der entgehende Gewinn versichert ist, bei einem anderen Versicherer gegen den übrigen durch den Versicherungsfall entstehenden Schaden versichert wird.

§. 90.

Bei der Gebäudeversicherung muß die im Falle einer nicht rechtzeitigen Zahlung der Prämie nach §. 33 zu bestimmende Zahlungsfrist mindestens einen Monat betragen.

§. 91.

Der im §. 37 vorgesehenen Pflicht zur Anzeige des Versicherungsfalls wird genügt, wenn die Anzeige innerhalb einer Frist von zwei Tagen erfolgt. Auf eine Vereinbarung, durch welche von dieser Vorschrift zum Nachteile des Versicherten abgewichen wird, kann sich der Versicherer nicht berufen.

Es kann vereinbart werden, daß auch eine nicht arglistige Verletzung der Pflicht zur Anzeige des Versicherungsfalls das Erlöschen der Ansprüche oder einen sonstigen Rechtsnachteil für den Versicherten zur Folge haben soll. Der Versicherer kann sich jedoch auf eine solche Vereinbarung nicht berufen, wenn er in anderer Weise von dem Versicherungsfalle rechtzeitig Kenntnis erlangt hat oder wenn die Pflicht zur Anzeige ohne Verschulden verletzt worden ist; die Vorschrift des §. 9 Satz 2 über die Zulässigkeit einer Vertragsstrafe bleibt unberührt.

§. 92.

Bis zur Feststellung des an einem Gebäude entstandenen Schadens darf der Versicherte ohne Einwilligung des Versicherers nur solche Änderungen vornehmen, welche zur Erfüllung der ihm nach §. 56 obliegenden Pflicht oder im öffentlichen Interesse geboten sind.

§. 93.

Ist der Versicherer nach den Versicherungsbestimmungen nur verpflichtet, die Entschädigungssumme zur Wiederherstellung des versicherten Gebäudes zu zahlen, so kann der Versicherte die Zahlung erst verlangen, wenn die bestimmungsmäßige Verwendung des Geldes gesichert ist.

§. 94.

Im Falle des §. 93 ist eine Zahlung, welche ohne die Sicherung der bestimmungsmäßigen Verwendung des Geldes geleistet wird, dem Hypothekengläubiger gegenüber nur wirksam, wenn ihm der Versicherer oder der Versicherte angezeigt hat, daß ohne Sicherung geleistet werden soll, und seit dem Empfange der Anzeige ein Monat verstrichen ist.

Soweit im Falle des §. 93 die Entschädigungssumme nicht zu einer den Versicherungsbestimmungen entsprechenden Wiederherstellung verwendet werden soll, kann der Versicherer mit Wirkung gegen den Hypothekengläubiger erst zahlen, wenn er oder der Versicherte die Absicht, von der bestimmungsmäßigen Verwendung abzuweichen, dem Hypothekengläubiger angezeigt hat und seit dem Empfange der Anzeige ein Monat verstrichen ist.

Die Vorschriften des §. 1128 Abs. 1 Satz 2, 3 des Bürgerlichen Gesetzbuchs finden entsprechende Anwendung.

§. 95.

Hat im Falle der Gebäudeversicherung ein Hypothekengläubiger seine Hypothek dem Versicherer angemeldet, so wirkt eine Kündigung, ein Rücktritt oder eine sonstige Tatsache, welche die Beendigung des Versicherungsverhältnisses zur Folge hat, gegenüber dem Hypothekengläubiger erst mit dem Ablauf eines Monats, nachdem die Beendigung und, sofern diese noch nicht eingetreten war, auch der Zeitpunkt der Beendigung ihm durch den Versicherer mitgeteilt worden oder in anderer Weise zu seiner Kenntnis gelangt ist.

Eine sich aus dem §. 47 Abs. 2 oder dem §. 54 Abs. 3 Satz 1 ergebende Nichtigkeit des Versicherungsvertrags kann gegenüber einem Hypothekengläubiger, der seine Hypothek dem Versicherer angemeldet hat, nicht geltend gemacht werden. Das Versicherungsverhältnis endigt jedoch ihm gegenüber mit dem Ablauf eines Monats, nachdem die Nichtigkeit ihm durch den Versicherer mitgeteilt worden oder in anderer Weise zu seiner Kenntnis gelangt ist.

Die Vorschrift des Abs. 1 findet keine Anwendung, wenn das Versicherungsverhältnis wegen nicht rechtzeitiger Prämienzahlung gekündigt oder durch den Konkurs des Versicherers beendigt wird.

§. 96.

Ist bei der Gebäudeversicherung der Versicherer wegen des Verhaltens des Versicherten von der Verpflichtung zur Leistung frei, so bleibt gleichwohl seine Verpflichtung gegenüber einem Hypothekengläubiger bestehen, der seine Hypothek dem Versicherer angemeldet hat.

Diese Vorschrift findet keine Anwendung, wenn der Versicherer wegen nicht rechtzeitiger Prämienzahlung von der Verpflichtung zur Leistung frei ist.

§. 97.

Soweit der Versicherer auf Grund der Vorschriften der §§. 95, 96 den Hypothekengläubiger befriedigt, geht die Hypothek auf ihn über. Der Übergang kann nicht zum Nachteile eines nachstehenden Hypothekengläubigers geltend gemacht werden, der seine Hypothek dem Versicherer angemeldet hatte.

§. 98.

Bei der Gebäudeversicherung hat der Versicherer dem Hypothekengläubiger, der seine Hypothek angemeldet hat, unverzüglich Mitteilung zu machen, wenn eine Prämienzahlung der im §. 31 bezeichneten Art nicht rechtzeitig bewirkt oder dem Versicherten nach den §§. 33, 90 für die Zahlung der Prämie eine Frist bestimmt wird. Das Gleiche gilt, wenn das Versicherungsverhältnis wegen nicht rechtzeitiger Prämienzahlung gekündigt wird.

§. 99.

Die in den §§. 95, 98 vorgesehenen Mitteilungen gelten, wenn sich der Versicherer eines eingeschriebenen Briefes bedient, mit der Absendung des Briefes als erfolgt.

§. 100.

Bei der Gebäudeversicherung darf der Versicherer, auch wenn der Versicherte widerspricht, die von einem Hypothekengläubiger angebotene Prämienzahlung nicht ablehnen.

§. 101.

Ist das Grundstück mit einer Reallast, Grundschuld oder Rentenschuld belastet, so finden die Vorschriften der §§. 94 bis 100 entsprechende Anwendung.

§. 102.

Die Vorschriften der §§. 95 bis 101 gelten nicht für solche Hypotheken, Grundschulden oder Rentenschulden, welche dem Versicherten als dem Eigentümer des Grundstücks zustehen.

Dritter Titel.

Hagelversicherung.

§. 103.

Bei der Hagelversicherung haftet der Versicherer für den Schaden, der an den versicherten Bodenerzeugnissen durch die unmittelbare Einwirkung des Hagelschlags entsteht.

§. 104.

Die Versicherungssumme gilt als Taxe.

§. 105.

Der im §. 37 vorgesehenen Pflicht zur Anzeige des Versicherungsfalls wird genügt, wenn die Anzeige innerhalb einer Frist von drei Tagen erfolgt. Auf eine Vereinbarung, durch welche von dieser Vorschrift zum Nachteile des Versicherten abgewichen wird, kann sich der Versicherer nicht berufen.

Es kann vereinbart werden, daß auch eine nicht arglistige Verletzung der Pflicht zur Anzeige des Versicherungsfalls das Erlöschen der Ansprüche oder einen sonstigen Rechtsnachteil für den Versicherten zur Folge haben soll. Der Versicherer kann sich jedoch auf eine solche Vereinbarung nicht berufen, wenn er in anderer Weise von dem Versicherungsfalle rechtzeitig Kenntnis erlangt hat oder wenn die Pflicht zur Anzeige ohne Verschulden verletzt worden ist; die Vorschrift des §. 9 Satz 2 über die Zulässigkeit einer Vertragsstrafe bleibt unberührt.

§. 106.

Bis zur Feststellung des Schadens darf der Versicherte an den von dem Hagelschlage betroffenen Bodenerzeugnissen ohne Einwilligung des Versicherers nur solche Änderungen vornehmen, welche nach den Regeln einer ordnungsmäßigen Wirtschaft geboten sind.

§. 107.

Der Versicherer kann das Versicherungsverhältnis auf Grund des §. 63 nur für den Schluß des Kalenderjahrs kündigen, in welchem der Versicherungsfall eingetreten ist.

§. 108.

Tritt im Falle der Veräußerung des Grundstücks der Erwerber in die sich aus dem Versicherungsverhältnis ergebenden Rechte und Pflichten des Veräußerers ein, so steht dem Versicherer das im §. 68 vorgesehene Kündigungsrecht nicht zu; auch ist der Versicherer wegen unterbliebener Anzeige der Veräußerung nicht von der Verpflichtung zur Leistung frei.

Diese Vorschriften finden im Falle der Zwangsversteigerung des Grundstücks entsprechende Anwendung.

Vierter Titel.

Viehversicherung.

§. 109.

Bei der Viehversicherung haftet der Versicherer für den Schaden, der durch den Tod des versicherten Tieres entsteht. Wird der Tod durch eine Krankheit oder einen Unfall herbeigeführt, so gilt als Betrag des Schadens der Wert, den das Tier zur Zeit der Erkrankung oder des Unfalls gehabt hat.

Die Versicherung kann in der Weise genommen werden, daß der Versicherer ohne Rücksicht auf den Fall des Todes für den Schadet haftet, der durch eine Krankheit oder einen Unfall entsteht.

§. 110.

War die Erkrankung oder der Unfall vor dem Zeitpunkte der Beendigung des Versicherungsverhältnisses eingetreten, so hat die Beendigung auf die Haftung des Versicherers keinen Einfluß, wenn der Tod noch innerhalb einer Frist von zwei Wochen nach dem bezeichneten Zeitpunkt erfolgt.

Diese Vorschrift findet keine Anwendung, wenn der Versicherte das Versicherungsverhältnis gekündigt hat.

§. 111.

Die Versicherung umfaßt nicht:

1. den infolge einer Seuche oder Krankheit entstehenden Schaden, für welchen dem Versicherten nach gesetzlicher Vorschrift ein Anspruch auf eine Entschädigung aus öffentlichen Mitteln zusteht oder zustehen würde, wenn der Anspruch nicht durch eine Zuwiderhandlung gegen seuchenpolizeiliche Vorschriften verwirkt worden wäre;
2. einen Brandschaden;
3. den Schaden, welcher durch Maßregeln verursacht wird, die im Kriege oder nach der Erklärung des Kriegszustandes von einem militärischen Befehlshaber angeordnet worden sind;
4. den Schaden, welcher bei einem Aufruhr oder einem Landfriedensbruch entsteht.

§. 112.

Ist die Versicherung für einen Bestand von Tieren genommen, die nur der Gattung nach bestimmt sind, so umfaßt sie die jeweils zu dem Bestande gehörenden Tiere dieser Gattung, ohne Unterschied, ob bei der Schließung des Vertrags die Stückzahl angegeben worden ist oder nicht.

§. 113.

Ist die Versicherung für mehrere Tiere genommen, so kann der Versicherer, wenn durch eine ansteckende Krankheit der Tod eines Tieres herbeigeführt ist, das Versicherungsverhältnis auf Grund des §. 63 nur unter Einhaltung einer Kündigungsfrist von mindestens sechs Monaten kündigen.

§. 114.

Der Versicherer ist befugt, jederzeit auf seine Kosten eine Besichtigung und Untersuchung der versicherten Tiere vorzunehmen.

§. 115.

Es kann vereinbart werden, daß auch eine nicht arglistige Verletzung der Pflicht zur Anzeige des Versicherungsfalls das Erlöschen der Ansprüche oder einen sonstigen Rechtsnachteil für den Versicherten zur Folge haben soll. Der Versicherer kann sich jedoch auf eine solche Vereinbarung nicht berufen, wenn er in anderer Weise von dem Versicherungsfalle rechtzeitig Kenntnis erlangt hat oder wenn die Pflicht zur Anzeige ohne Verschulden verletzt worden ist; die Vorschrift des §. 9 Satz 2 über die Zulässigkeit einer Vertragsstrafe bleibt unberührt.

Außer dem Tode ist auch jede erhebliche Erkrankung sowie jeder erhebliche Unfall eines versicherten Tieres dem Versicherer unverzüglich anzuzeigen. Auf die Anzeige der Erkrankung oder des Unfalls finden, auch wenn die Versicherung nur gegen den Schaden genommen ist, der durch den Tod des Tieres entsteht, die für die Anzeige des Versicherungsfalls geltenden Vorschriften entsprechende Anwendung.

§. 116.

Erkrankt das versicherte Tier oder erleidet es einen Unfall, so hat der Versicherte unverzüglich einen Tierarzt oder, wenn dies untunlich ist, zwei Sachkundige zuzuziehen und den Anordnungen dieser Personen Folge zu leisten.

§. 117.

Die Kosten der Fütterung und der Pflege sowie die Kosten der tierärztlichen Untersuchung und Behandlung eines erkrankten Tieres gehören nicht zu den nach §. 58 von dem Versicherer zu erstattenden Aufwendungen.

§. 118.

Hat der Versicherte oder eine Person, der er das Tier anvertraut hat, vorsätzlich oder aus grober Fahrlässigkeit das Tier schwer mißhandelt oder vernachlässigt, so ist der Versicherer von der Verpflichtung zur Leistung frei, es sei denn, daß der Schaden nicht durch die Mißhandlung oder die Vernachlässigung entstanden ist. Als schwere Vernachlässigung gilt es insbesondere, wenn bei einer Erkrankung oder einem Unfalle die Zuziehung eines Tierarztes oder sachkundiger Personen unterlassen oder den Anordnungen dieser Personen zuwidergehandelt worden ist.

§. 119.

Der Versicherte darf eine Nottötung nur mit Einwilligung des Versicherers vornehmen, es sei denn, daß die Erklärung des Versicherers nicht abgewartet werden kann. Ist durch das Gutachten des Tierarztes oder der Sachkundigen vor der Tötung festgestellt, daß die Tötung notwendig ist und die Erklärung des Versicherers nicht abgewartet werden kann, so muß der Versicherer die Feststellung gegen sich gelten lassen.

Ist der Vorschrift des Abs. 1 Satz 1 zuwider eine Nottötung erfolgt, so ist der Versicherer von der Verpflichtung zur Leistung frei. Hat der Versicherte das Tier in der irrigen Annahme getötet, daß er nach der bezeichneten Vorschrift dazu befugt sei, so bleibt die Verpflichtung des Versicherers bestehen, wenn der Irrtum des Versicherten nicht auf Fahrlässigkeit beruhte.

§. 120.

Wird das versicherte Tier veräußert, so endigt das Versicherungsverhältnis; dem Versicherer gebührt gleichwohl die Prämie, jedoch nicht über die laufende Versicherungsperiode hinaus. Tritt vor dem Schlusse der laufenden Versicherungsperiode infolge eines Hauptmangels der Tod des Tieres ein, so bleibt der Versicherer dem Versicherten insoweit haftbar, als dieser dem Erwerber wegen des Mangels kraft Gesetzes zur Gewährleistung verpflichtet ist.

Geht ein Grundstück samt Inventar durch Veräußerung oder im Wege der Zwangsversteigerung auf einen anderen über, so behält es in Ansehung der zum Inventar gehörenden Tiere bei den Vorschriften der §§. 66 bis 73 sein Bewenden.

Fünfter Titel.

Transportversicherung.

§. 121.

Bei der Versicherung von Gütern gegen die Gefahren der Beförderung zu Lande oder auf Binnengewässern trägt der Versicherer alle Gefahren, denen die Güter während der Dauer der Versicherung ausgesetzt sind.

Bei der Versicherung eines Schiffes gegen die Gefahren der Binnenschiffahrt trägt der Versicherer alle Gefahren, denen das Schiff während der Dauer der Versicherung ausgesetzt ist. Der Versicherer haftet auch für den Schaden, den der Versicherte infolge eines Zusammenstoßes von Schiffen dadurch erleidet, daß er den einem Dritten zugefügten Schaden zu ersetzen hat.

§. 122.

Bei der Versicherung von Gütern fällt dem Versicherer nicht zur Last:

1. ein Schaden, der durch die natürliche Beschaffenheit der Güter, namentlich durch inneren Verderb, Schwinden, gewöhnliche Leckage, sowie durch mangelhafte Verpackung der Güter oder durch Ratten oder Mäuse verursacht wird;
2. ein Schaden, der von dem Absender oder dem Empfänger in dieser Eigenschaft vorsätzlich oder aus grober Fahrlässigkeit verursacht wird.

Ist die Reise durch einen Unfall, für den der Versicherer haftet, ungewöhnlich verzögert worden, so hat der Versicherer den im Abs. 1 Nr. 1 bezeichneten Schaden insoweit zu ersetzen, als er infolge der Verzögerung eingetreten ist.

§. 123.

Bei der Versicherung eines Schiffes fällt dem Versicherer nicht zur Last:

1. ein Schaden, der daraus entsteht, daß das Schiff in einem nicht fahrtüchtigen Zustand oder nicht gehörig ausgerüstet oder bemannt die Reise antritt;
2. ein Schaden, der nur eine Folge der Abnutzung des Schiffes im gewöhnlichen Gebrauch ist oder nur durch Alter, Fäulnis oder Wurmfraß verursacht wird.

§. 124.

Die Versicherung von Gütern erstreckt sich auf die ganze Dauer der versicherten Reise.

Die Versicherung beginnt mit dem Zeitpunkt, in welchem die Güter von dem Frachtführer zur Beförderung oder, wenn die Beförderung nicht sofort erfolgen kann, zur einstweiligen Verwahrung angenommen werden, und endigt mit dem Zeitpunkt, in welchem die Güter dem Empfänger am Ablieferungsort abgeliefert oder, wenn sich ein Ablieferungshindernis ergibt, rechtmäßig hinterlegt oder verkauft werden.

§. 125.

Unter die Versicherung gegen die Gefahren der Beförderung von Gütern auf Eisenbahnen fällt auch die Beförderung zur Eisenbahn sowie die Beförderung von der Eisenbahn an den Empfänger, wenn sie durch die Eisenbahnverwaltung oder unter ihrer Verantwortlichkeit erfolgt.

§. 126.

Sind Güter gegen die Gefahren der Beförderung auf Binnengewässern versichert, so trägt der Versicherer die Gefahr der Benutzung von Leichterfahrzeugen bei der Verladung oder der Ausladung, wenn die Benutzung ortsüblich ist.

§. 127.

Wird die Reise des zur Beförderung der versicherten Güter bestimmten Schiffes nach dem Beginne der Versicherung aufgegeben und werden die Güter in anderer Art als mit diesem Schiffe nach dem Bestimmungsorte weiter befördert, so fällt diese Beförderung unter die Versicherung, auch wenn sie zu Lande geschieht; die Versicherung umfaßt die Kosten der Umladung und der einstweiligen Lagerung sowie die Mehrkosten der Weiterbeförderung.

§. 128.

Die Versicherung eines Schiffes beginnt, wenn sie für eine Reise genommen ist, in dem Zeitpunkt, in welchem mit der Einnahme der Ladung angefangen wird, oder, wenn keine Ladung einzunehmen ist, in dem Zeitpunkte der Abfahrt. Sie endigt in dem Zeitpunkt, in welchem die Löschung der Ladung am Bestimmungsorte beendigt ist. Wird die Löschung von dem Versicherten ungebührlich verzögert, so endigt die Versicherung in dem Zeitpunkt, in welchem die Löschung beendigt sein würde, falls die Verzögerung nicht stattgefunden hätte.

Wird vor der Beendigung der Löschung für eine neue Reise Ladung eingenommen, so endigt die Versicherung in dem Zeitpunkt, in welchem mit der Einnahme angefangen wird.

Wird nach dem Beginne der Versicherung die versicherte Reise aufgegeben, so tritt in Ansehung der Beendigung der Versicherung der Ort, wo die Reise aufhört, an die Stelle des Bestimmungsorts.

§. 129.

Ist ein auf Zeit versichertes Schiff bei dem Ablaufe der vereinbarten Versicherungszeit unterwegs, so gilt das Versicherungsverhältnis als verlängert bis zur Ankunft des Schiffes am nächsten Bestimmungsort und, falls an diesem gelöscht wird, bis zu dem nach §. 128 für die Beendigung der Versicherung maßgebenden Zeitpunkte. Der Versicherte kann die Verlängerung, so lange das Schiff noch nicht unterwegs ist, durch eine gegenüber dem Versicherer abzugebende Erklärung ausschließen.

§. 130.

Als Versicherungswert der Güter gilt der gemeine Handelswert und in dessen Ermangelung der gemeine Wert, den die Güter am Orte der Absendung in dem Zeitpunkte haben, welcher nach den §§. 124 bis 126 für den Beginn der Versicherung maßgebend ist, unter Hinzurechnung der Versicherungskosten sowie derjenigen Kosten, welche bis zur Annahme der Güter durch den Frachtführer entstehen.

Der sich nach Abs. 1 ergebende Wert der Güter gilt auch bei dem Eintritte des Versicherungsfalls als Versicherungswert.

Haben die Güter eine Beschädigung erlitten, so ist bei der Berechnung des Schadens festzustellen, in welchem Verhältnisse der Handelswert oder gemeine Wert, den die Güter im unbeschädigten Zustand am Ablieferungsorte haben würden, zu dem Werte steht, den sie dort im beschädigten Zustande haben; ein diesem Verhältnis entsprechender Bruchteil des Versicherungswerts gilt als Betrag des Schadens.

§. 131.

Als Versicherungswert des Schiffes gilt der Wert, den das Schiff in dem Zeitpunkte hat, in welchem die Versicherung beginnt. Dieser Wert gilt auch bei dem Eintritte des Versicherungsfalls als Versicherungswert.

Bei einer Beschädigung des Schiffes gelten, falls das Schiff ausbesserungsfähig ist, die nach den §§. 709, 710 des Handelsgesetzbuchs zu berechnenden Ausbesserungskosten als Betrag des Schadens.

§. 132.

Kündigt der Versicherer, während die versicherten Güter oder das versicherte Schiff unterwegs sind, das Versicherungsverhältnis wegen einer unabhängig von dem Willen des Versicherten eingetretenen Erhöhung der Gefahr oder wegen Veräußerung der versicherten Sache, so wirkt die Kündigung nicht vor der Beendigung der Reise. Tritt während des bezeichneten Zeitraums ein Versicherungsfall ein, so wird die Verpflichtung des Versicherers zur Leistung nicht dadurch berührt, daß die Anzeige der Gefahrerhöhung oder der Veräußerung unterblieben ist.

Ist die Verpflichtung zur Anzeige schon vor dem Beginne der Reise verletzt, so finden die Vorschriften des Abs. 1 nur Anwendung, wenn die Gefahrerhöhung oder die Veräußerung dem Versicherer vor dem Beginne der Reise bekannt geworden ist.

§. 133.

Kündigt der Versicherer, während die versicherten Güter oder das versicherte Schiff unterwegs sind, das Versicherungsverhältnis wegen des Eintritts eines Versicherungsfalls, so wirkt die Kündigung nicht vor der Beendigung der Reise.

§. 134.

Die Versicherung gegen die Gefahren der Binnenschiffahrt umfaßt die Beiträge zur großen Haverei. Sind ausschließlich Güter des Schiffseigners verladen, so umfaßt die Versicherung auch die Aufopferungen, welche zur großen Haverei gehören würden, wenn das Eigentum an den Gütern einem anderen zustände.

Die Vorschriften der §§. 835 bis 839 des Handelsgesetzbuchs finden entsprechende Anwendung; eine vom Schiffer aufgestellte Dispache ist für den Versicherer nur verbindlich, wenn mit seiner Zustimmung die Aufstellung dem Schiffer übertragen worden ist.

§. 135.

Sind bei der Versicherung gegen die Gefahren der Binnenschiffahrt Aufwendungen zur Abwendung oder Minderung oder zur Ermittelung und Feststellung eines Schadens oder zur Widerherstellung oder Ausbesserung der durch einen Versicherungsfall beschädigten Sache gemacht oder Beiträge zur großen Haverei geleistet oder ist eine persönliche Verpflichtung des Versicherten zur Entrichtung solcher Beiträge entstanden, so haftet der Versicherer für den Schaden, der durch einen späteren Versicherungsfall verursacht wird, bis zur Höhe der ganzen Versicherungssumme ohne Rücksicht auf die ihm zur Last fallenden früheren Aufwendungen und Beiträge.

§. 136.

Bei der Versicherung gegen die Gefahren der Binnenschiffahrt ist jeder Unfall, der das Schiff oder die Ladung trifft, auch wenn dadurch ein Entschädigungsanspruch für den Versicherten nicht begründet wird, dem Versicherer nach Maßgabe des §. 37 anzuzeigen, sofern der Unfall für die von dem Versicherer zu tragende Gefahr von Erheblichkeit ist.

§. 137.

Ist die Versicherung für eine Reise genommen, die teils zur See, teils auf Binnengewässern oder zu Lande ausgeführt wird, so verjähren alle Ansprüche aus dem Vertrag in fünf Jahren. Der Beginn der Verjährung bestimmt sich nach den Vorschriften des §. 905 Abs. 2 des Handelsgesetzbuchs.

Sechster Titel.

Haftpflichtversicherung.

§. 138.

Bei der Haftpflichtversicherung ist der Versicherer verpflichtet, dem Versicherten die Leistung zu ersetzen, die dieser infolge einer während der Versicherungszeit eintretenden Tatsache an einen Dritten zu bewirken hat.

§. 139.

Der Versicherer haftet nicht, wenn die Verpflichtung des Versicherten zur Leistung an den Dritten aus einer von dem Versicherten vorsätzlich begangenen widerrechtlichen Handlung entstanden ist.

§. 140.

Die Versicherung umfaßt die durch die Ermittelung und Feststellung des Anspruchs des Dritten entstehenden gerichtlichen und außergerichtlichen Kosten, soweit ihre Aufwendung den Umständen nach geboten ist. Das Gleiche gilt von den durch die Verteidigung gegen einen unbegründeten Anspruch entstehenden Kosten. Der Versicherer hat die Kosten auf Verlangen des Versicherten vorzuschießen.

Ist eine Versicherungssumme bestimmt, so hat der Versicherer die Kosten auch insoweit zu ersetzen, als sie zusammen mit der übrigen Entschädigung die Versicherungssumme übersteigen.

§. 141.

Ist die Versicherung für einen geschäftlichen Betrieb des Versicherten genommen, so erstreckt sie sich auf die Haftpflicht der Vertreter des Versicherten sowie auf die Haftpflicht solcher Personen, welche er zur Leitung oder Beaufsichtigung des Betriebs oder eines Teiles des Betriebs angestellt hat. Die Versicherung gilt insoweit als für fremde Rechnung genommen.

§. 142.

Die Anzeige des Versicherungsfalls hat unverzüglich zu erfolgen, nachdem der Dritte seinen Anspruch gegenüber dem Versicherten geltend gemacht hat.

Der Pflicht zur Anzeige wird genügt, wenn die Anzeige innerhalb einer Woche seit dem im Abs. 1 bezeichneten Zeitpunkt erfolgt. Auf eine Vereinbarung, durch welche von dieser Vorschrift zum Nachteile des Versicherten abgewichen wird, kann sich der Versicherer nicht berufen.

§. 143.

Im Falle des §. 61 Abs. 2 geht der Anspruch, welcher dem Versicherten gegen einen Familienangehörigen zusteht, auf den Versicherer nur über, wenn dem Angehörigen Vorsatz zur Last fällt.

§. 144.

Der Versicherer hat die Entschädigung innerhalb der Frist von zwei Wochen seit dem Zeitpunkte zu leisten, in welchem der Dritte von dem Versicherten befriedigt oder der Anspruch des Dritten durch rechtskräftiges Urteil, durch Anerkenntnis oder Vergleich festgestellt worden ist. Soweit gemäß §. 140 Kosten zu ersetzen sind, ist die Entschädigung innerhalb der Frist von zwei Wochen seit der Mitteilung der Berechnung zu leisten.

§. 145.

Ist der Versicherte dem Dritten zur Gewährung einer Rente verpflichtet, so kann der Versicherte, wenn die Versicherungssumme den Kapitalwert der Rente nicht erreicht, nur einen verhältnismäßigen Teil der Rente verlangen.

Hat der Versicherte für die von ihm geschuldete Rente dem Dritten kraft Gesetzes Sicherheit zu leisten, so erstreckt sich die Verpflichtung des Versicherers auf die Leistung der Sicherheit.

§. 146.

Der Versicherer ist berechtigt, die dem Versicherten gebührende Entschädigung, soweit der Versicherte dem Dritten zur Leistung verpflichtet ist, diesem zu entrichten. Auf Verlangen des Versicherten ist er hierzu verpflichtet.

§. 147.

Ist über das Vermögen des Versicherten der Konkurs eröffnet, so kann der Dritte wegen des ihm gegen den Versicherten zustehenden Anspruchs abgesonderte Befriedigung aus der Entschädigungsforderung des Versicherten verlangen.

§. 148.

Die Vorschriften dieses Titels finden auf die Rückversicherung keine Anwendung.

Dritter Abschnitt.

Lebensversicherung.

§. 149.

Die Lebensversicherung kann auf die Person eines anderen als des Versicherten genommen werden.

Wird die Versicherung für den Fall des Todes eines anderen als des Versicherten genommen, so ist zur Gültigkeit des Vertrags die schriftliche Einwilligung des anderen erforderlich. Ist der andere geschäftsunfähig oder in der Geschäftsfähigkeit beschränkt, so finden auf die Einwilligung die Vorschriften über rechtsgeschäftliche Willenserklärungen Anwendung.

§. 150.

Ist bei der Schließung des Vertrags das Alter desjenigen, auf dessen Person die Versicherung genommen ist, unrichtig angegeben worden und infolge der unrichtigen Angabe die Prämie zu niedrig bestimmt, so mindert sich die Leistung des Versicherers nach dem Verhältnis, in welchem die vereinbarte Prämie zu der dem wirklichen Alter entsprechendem Prämie steht. Das Recht, wegen Verletzung der Anzeigepflicht von dem Vertrage zurückzutreten, steht dem Versicherten nur zu, wenn das wirkliche Alter außerhalb der Grenzen liegt, welche durch den Geschäftsplan für den Abschluß von Verträgen festgesetzt sind.

§. 151.

Wird die Versicherung auf die Person eines anderen als des Versicherten genommen, so kann vereinbart werden, daß in Ansehung des Rechtes des Versicherers, wegen Verletzung der dem Versicherten bei der Schließung des Vertrags obliegenden Anzeigepflicht von dem Vertrage zurückzutreten, die Kenntnis sowie die Arglist des anderen der Kenntnis oder der Arglist des Versicherten gleichstehen soll.

§. 152.

Wegen einer Verletzung der dem Versicherten bei der Schließung des Vertrags obliegenden Anzeigepflicht kann der Versicherer von dem Vertrage nicht mehr zurücktreten, wenn seit der Schließung zehn Jahre verstrichen sind. Das Rücktrittsrecht bleibt bestehen, wenn die Anzeigepflicht arglistig verletzt worden ist.

§. 153.

Eine Erhöhung der Gefahr im Sinne dieses Gesetzes liegt nur vor, wenn die Erhöhung auf der Änderung eines Umstandes beruht, dessen unveränderte Fortdauer mittelst schriftlicher Erklärung des Versicherten ausdrücklich bedungen worden ist.

Eine Erhöhung der Gefahr kann der Versicherer nicht mehr geltend machen, wenn seit der Erhöhung zehn Jahre verstrichen sind. Der Versicherer bleibt jedoch zur Geltendmachung befugt, wenn die Pflicht, seine Einwilligung einzuholen oder ihm Anzeige zu machen, arglistig verletzt worden ist.

§. 154.

Ist die Prämie nach Zeitabschnitten bemessen, so kann der Versicherte das Versicherungsverhältnis jederzeit für den Schluß der laufenden Versicherungsperiode kündigen.

§. 155.

Bei einer Kapitalversicherung ist im Zweifel anzunehmen, daß dem Versicherten die Befugnis vorbehalten ist, ohne Zustimmung des Versicherers einen Dritten als Bezugsberechtigten zu bezeichnen sowie an die Stelle des so bezeichneten Dritten einen anderen zu setzen.

§. 156.

Die Befugnis des Versicherten, an die Stelle des bezugsberechtigten Dritten einen anderen zu setzen, gilt bei einer Kapitalversicherung im Zweifel auch dann als vorbehalten, wenn die Bezeichnung des Dritten im Vertrag erfolgt ist.

§. 157.

Soll bei einer Kapitalversicherung die Leistung des Versicherers nach dem Tode des Versicherten erfolgen und ist die Zahlung an die Erben ohne nähere Bestimmung bedungen, so sind im Zweifel diejenigen, welche zur Zeit des Todes als Erben berufen sind, nach dem Verhältnis ihrer Erbteile bezugsberechtigt. Eine Ausschlagung der Erbschaft hat auf die Berechtigung keinen Einfluß. Der Fiskus gilt nicht als Erbe im Sinne dieser Vorschrift.

§. 158.

Wird bei einer Kapitalversicherung das Recht auf die Leistung des Versicherers von dem bezugsberechtigten Dritten nicht erworben, so steht es dem Versicherten zu.

§. 159.

Bei einer Versicherung für den Todesfall ist der Versicherer von der Verpflichtung zur Leistung frei, wenn derjenige, auf dessen Person die Versicherung genommen ist, Selbstmord begangen hat. Die Verpflichtung des Versicherers bleibt bestehen, wenn die Tat in einem die freie Willensbestimmung ausschließenden Zustande krankhafter Störung der Geistestätigkeit begangen worden ist.

§. 160.

Ist die Versicherung für den Fall des Todes eines anderen als des Versicherten genommen, so ist der Versicherer von der Verpflichtung zur Leistung frei, wenn der Versicherte vorsätzlich den Tod des anderen widerrechtlich herbeigeführt hat.

§. 161.

Eine Anzeige von dem Eintritte des Versicherungsfalls ist dem Versicherer nur zu machen, wenn der Tod als Versicherungsfall bestimmt ist. Der Pflicht zur Anzeige wird genügt, wenn die Anzeige innerhalb einer Frist von drei Tagen erfolgt.

§. 162.

Auf eine Vereinbarung, durch welche von den Vorschriften der §§. 150, 152 bis 154, des §. 159 Satz 2 oder des §. 161 Satz 2 zum Nachteile des Versicherten abgewichen wird, kann sich der Versicherer nicht berufen.

Für die Kündigung, zu der nach §. 154 der Versicherte berechtigt ist, kann die schriftliche Form vereinbart werden. Eine solche Vereinbarung wird durch die Vorschrift des §. 44 Abs. 2 Satz 1 nicht berührt.

§. 163.

Durch die Vereinbarung, daß derjenige, auf dessen Person eine Versicherung genommen werden soll, sich zuvor einer ärztlichen Untersuchung zu unterwerfen hat, wird ein Recht des Versicherers, die Vornahme der Untersuchung zu verlangen, nicht begründet.

§. 164.

Ist die Prämienzahlung für einen Zeitraum von mindestens drei Jahren erfolgt, so gelten die besonderen Vorschriften der §§. 165 bis 168.

§. 165.

Der Versicherte kann jederzeit für den Schluß der laufenden Versicherungsperiode die Umwandlung der Versicherung in eine prämienfreie Versicherung verlangen.

Wird die Umwandlung verlangt, so tritt an die Stelle des vereinbarten Kapital- oder Rentenbetrags mit dem bezeichneten Zeitpunkte der Betrag, der sich für das gegenwärtige Alter desjenigen, auf dessen Person die Versicherung genommen ist, als Leistung des Versicherers ergibt, wenn die auf die Versicherung entfallende rechnungsmäßige Prämienreserve als einmalige Prämie angesehen wird.

Bei der Umwandlung ist der Tarif zu Grunde zu legen, nach welchem der Vertrag geschlossen worden ist. Die Prämienreserve ist für den Schluß der laufenden Versicherungsperiode zu berechnen. Prämienrückstände werden von dem Betrage der Prämienreserve abgesetzt.

§. 166.

Kündigt der Versicherer das Versicherungsverhältnis nach §. 33, so wandelt sich mit der Kündigung die Versicherung in eine prämienfreie Versicherung um. Auf die Umwandlung finden die Vorschriften des §. 165 Abs. 2, 3 Anwendung.

Im Falle des §. 33 Abs. 1 Satz 2 ist der Versicherer zu der Leistung verpflichtet, die ihm obliegen würde, wenn sich mit dem Eintritte des Versicherungsfalls die Versicherung in eine prämienfreie Versicherung umgewandelt hätte.

§. 167.

Wird bei einer Kapitalversicherung für den Todesfall, die in der Art genommen ist, daß der Versicherungsfall eintreten muß, das Versicherungsverhältnis durch Rücktritt oder Kündigung aufgehoben, so hat der Versicherer den Betrag der auf die Versicherung entfallenden Prämienreserve zu erstatten.

Das Gleiche gilt, wenn nach dem Eintritte des Versicherungsfalls der Versicherer von der Verpflichtung zur Zahlung des vereinbarten Kapitals frei ist.

Bei der Ermittelung des zu erstattenden Betrags ist die Prämienreserve für den Schluß der Versicherungsperiode zu berechnen, in deren Laufe das Versicherungsverhältnis endigt.

Der Versicherer kann den zu erstattenden Betrag um drei vom Hundert des vereinbarten Kapitals kürzen.

§. 168.

Auf eine Vereinbarung, durch welche von den Vorschriften der §§. 164 bis 167 zum Nachteile des Versicherten abgewichen wird, kann sich der Versicherer nicht berufen.

Vierter Abschnitt.

Unfallversicherung.

§. 169.

Die Unfallversicherung umfaßt nicht einen Unfall, der durch Maßregeln verursacht wird, die im Kriege oder nach der Erklärung des Kriegszustandes von einem militärischen Befehlshaber angeordnet worden sind. Das Gleiche gilt von einem Unfalle, der bei einem Aufruhr oder einem Landfriedensbruch entsteht.

§. 170.

Eine Versicherung gegen Unfälle, die einem anderen zustoßen, gilt im Zweifel als für Rechnung des anderen genommen. Die Vorschriften der §§. 75 bis 78 finden entsprechende Anwendung.

Wird eine Versicherung gegen Unfälle, die einem anderen zustoßen, von dem Versicherten für eigene Rechnung genommen, so ist zur Gültigkeit des Vertrags die schriftliche Einwilligung des anderen erforderlich. Ist der andere geschäftsunfähig oder in der Geschäftsfähigkeit beschränkt, so finden auf die Einwilligung die Vorschriften über rechtsgeschäftliche Willenserklärungen Anwendung.

§. 171.

Der Versicherer ist von der Verpflichtung zur Leistung frei, wenn der Versicherte den Unfall vorsätzlich herbeigeführt hat.

§. 172.

Nach dem Eintritte des Unfalls hat der Versicherte, soweit tunlich, für die Abwendung und die Minderung der Folgen des Unfalls zu sorgen und dabei die Weisungen des Versicherers zu befolgen, soweit ihm die Befolgung billigerweise zugemutet werden kann. Auf eine Vereinbarung, durch welche von dieser Vorschrift zum Nachteile des Versicherten abgewichen wird, kann sich der Versicherer nicht berufen.

§. 173.

Es kann vereinbart werden, daß auch eine nicht arglistige Verletzung der im §. 37 vorgesehenen Pflicht zur Anzeige des Versicherungsfalls das Erlöschen der Ansprüche oder einen sonstigen Rechtsnachteil zur Folge haben soll, wenn durch den Unfall nur eine vorübergehende Minderung der Erwerbsfähigkeit verursacht worden und in dem Zeitpunkt, in welchem dem Versicherer die Anzeige zugeht, die Heilung schon eingetreten ist. Der Versicherer kann sich jedoch auf eine solche Vereinbarung nicht berufen, wenn er in anderer Weise von dem Versicherungsfalle rechtzeitig Kenntnis erlangt hat oder wenn die Pflicht zur Anzeige ohne Verschulden verletzt worden ist; die Vorschrift des §. 9 Satz 2 über die Zulässigkeit einer Vertragsstrafe bleibt unberührt.

§. 174.

Soll nach dem Vertrage das Maß der durch den Unfall herbeigeführten Einbuße an Erwerbsfähigkeit durch Sachverständige bestimmt werden, so ist die getroffene Bestimmung nicht verbindlich, wenn sie offenbar von der wirklichen Sachlage erheblich abweicht. Die Bestimmung erfolgt in diesem Falle durch Urteil. Das Gleiche gilt, wenn die Sachverständigen die Bestimmung nicht treffen können oder wollen oder sie verzögern.

Sind nach dem Vertrage die Sachverständigen durch das Gericht zu ernennen, so finden auf die Ernennung die Vorschriften des §. 57 Abs. 2 entsprechende Anwendung.

Eine Vereinbarung, durch welche von der Vorschrift des Abs. 1 Satz 1 abgewichen wird, ist nichtig.

§. 175.

Der Versicherer hat dem Versicherten die Kosten, welche durch die Feststellung des Unfalls sowie des Umfanges der Leistungspflicht des Versicherers entstehen, insoweit zu erstatten, als ihre Aufwendung den Umständen nach geboten war.

§. 176.

Ist als Leistung des Versicherers die Zahlung eines Kapitals vereinbart, so gelten die Vorschriften der §§. 155 bis 158.

Fünfter Abschnitt.

Schlußvorschriften.

§. 177.

Die Vorschriften dieses Gesetzes, welche die Vertragsfreiheit beschränken, bleiben bei der Transportversicherung, der Kreditversicherung, der Versicherung gegen Kursverluste und der Rückversicherung außer Anwendung.

Das Gleiche gilt von einer Schadensversicherung, die in der Weise genommen wird, daß die versicherten Interessen bei der Schließung des Vertrags nur der Gattung nach bezeichnet und erst nach ihrer Entstehung dem Versicherer einzeln aufgegeben werden (laufende Versicherung).

§. 178.

Durch Kaiserliche Verordnung kann mit Zustimmung des Bundesrats bestimmt werden:

1. daß bei den im zweiten, dritten und vierten Abschnitte nicht besonders geregelten Arten der Versicherung, auch soweit sie nicht unter den § 177 fallen, die Vorschriften dieses Gesetzes, welche die Vertragsfreiheit beschränken, ganz oder zum Teil außer Anwendung bleiben;
2. daß bei Lebensversicherungen mit kleineren Beträgen Vereinbarungen, durch welche von den Vorschriften der §§. 33, 164 bis 167 abgewichen wird, ohne Rücksicht auf die im §. 36 Satz 1 und im §. 168 vorgesehene Beschränkung der Vertragsfreiheit zulässig sind;
3. daß bei der Versicherung von Schiffen gegen die Gefahren der Binnenschiffahrt die Vorschriften dieses Gesetzes, welche die Vertragsfreiheit beschränken, ganz oder zum Teil Anwendung finden.

§. 179.

Die Vorschriften dieses Gesetzes finden keine Anwendung auf Versicherungsverhältnisse, die bei den auf Grund des Gesetzes über die eingeschriebenen Hilfskassen (Reichs-Gesetzbl. 1876 S. 125, 1884 S. 54) errichteten Kassen oder bei den auf Grund der Gewerbeordnung von Innungen oder Innungsverbänden errichteten Unterstützungskassen begründet werden. Das Gleiche gilt von Versicherungsverhältnissen, die bei Berufsgenossenschaften gemäß §. 23 des Gesetzes, betreffend die Abänderung der Unfallversicherungsgesetze, vom 30. Juni 1900 (Reichs-Gesetzbl. S. 335) begründet werden.

§. 180.

Unberührt bleiben die landesgesetzlichen Vorschriften über Versicherungsverhältnisse, die bei den im §. 75 Abs. 4 des Krankenversicherungsgesetzes bezeichneten auf Grund landesrechtlicher Vorschriften errichteten Hilfskassen oder bei den auf Grund berggesetzlicher Vorschriften errichteten Knappschaftskassen begründet werden.

§. 181.

Unberührt bleiben die landesgesetzlichen Vorschriften über Versicherungsverhältnisse, die bei einer nach Landesrecht errichteten öffentlichen Anstalt unmittelbar kraft Gesetzes entstehen, sowie über Versicherungen, die bei einer solchen Anstalt infolge eines gesetzlichen Zwanges genommen werden.

Auf sonstige Versicherungen, die bei einer nach Landesrecht errichteten öffentlichen Anstalt genommen werden, finden die Vorschriften der §§. 41 bis 44 über die Versicherungsagenten sowie die Vorschriften, welche die Vertragsfreiheit beschränken, keine Anwendung.

§. 182.

Unberührt bleiben die landesgesetzlichen Vorschriften, nach welchen der Versicherer nur verpflichtet ist, die Entschädigungssumme zur Wiederherstellung des versicherten Gegenstandes zu zahlen.

Die Landesgesetze können bestimmen, in welcher Weise im Falle des §. 93 die Verwendung des Geldes zu sichern ist.

§. 183.

Unberührt bleiben die landesgesetzlichen Vorschriften über die Buchführung der Feuerversicherungsagenten.

§. 184.

In bürgerlichen Rechtsstreitigkeiten, in welchen durch Klage oder Widerklage ein Anspruch auf Grund dieses Gesetzes geltend gemacht ist, wird die Verhandlung und Entscheidung letzter Instanz im Sinne des §. 8 des Einführungsgesetzes zum Gerichtsverfassungsgesetze dem Reichsgerichte zugewiesen.

Entwurf eines Einführungsgesetzes.

Artikel 1.

Das Gesetz über den Versicherungsvertrag tritt an einem durch Kaiserliche Verordnung mit Zustimmung des Bundesrats festzusetzenden Tage, spätestens am . . . . . . , in Kraft.

Artikel 2.

Die Vorschriften des Gesetzes über den Versicherungsvertrag und dieses Gesetzes erlangen im Königreiche Bayern für das Immobiliarversicherungswesen nur mit Zustimmung der Königlich Bayerischen Regierung Geltung. Die erfolgte Zustimmung wird vom Reichskanzler im Reichs-Gesetzblatte bekannt gemacht.

Artikel 3.

Wird ein zur Zeit des Inkrafttretens des Gesetzes über den Versicherungsvertrag bestehendes Versicherungsverhältnis nicht nach dem Inkrafttreten für den ersten Termin gekündigt, für den beide Teile nach den bisherigen Gesetzen zur Kündigung berechtigt sind, so finden von diesem Termin an die Vorschriften des Gesetzes über den Versicherungsvertrag Anwendung.

Artikel 4.

Auf ein zur Zeit des Inkrafttretens des Gesetzes über den Versicherungsvertrag bestehendes Versicherungsverhältnis finden von dieser Zeit an die folgenden Vorschriften des Gesetzes Anwendung:

1. Die Vorschriften des §. 4 Abs. 2 bis 4 und des §. 5 Abs. 2 über den Versicherungsschein und über das Recht des Versicherten, Abschriften der von ihm abgegebenen Erklärungen zu verlangen;
2. die Vorschriften des §. 10 Abs. 2 Satz 2 und des §. 40 über die Verwirkung eines nicht rechtzeitig geltend gemachten Anspruchs und über die Fälligkeit der Leistung des Versicherers;
3. die Vorschriften der §§. 19 bis 25, 33, 90, 132, 153 über die Erhöhung der Gefahr und die nicht rechtzeitige Zahlung einer nach dem Beginne der Versicherung zu entrichtenden Prämie sowie die Vorschriften der §§. 26, 27, 34, 36, 162, soweit sie sich auf die Erhöhung der Gefahr oder die nicht rechtzeitige Zahlung einer solchen Prämie beziehen;

4. die Vorschriften über die Befugnisse der Versicherungsagenten;
5. die Vorschriften der §§. 57, 174 über die Mitwirkung von Sachverständigen bei der Feststellung der Leistung des Versicherers;
6. die für die Hypotheken, Reallasten, Grundschulden und Rentenschulden geltenden Vorschriften der §§. 94 bis 102.

Die Vorschriften des Abs. 1 gelten nicht für Versicherungsverhältnisse, die zur Zeit des Inkrafttretens des Gesetzes über den Versicherungsvertrag bei einer nach Landesrecht errichteten öffentlichen Anstalt bestehen.

Artikel 5.

Die Rechte, welche einem Hypothekengläubiger oder einem anderen, für den ein Recht an einem Grundstücke begründet ist, gegenüber dem Versicherer zustehen, bestimmen sich, bis das Grundbuch für das belastete Grundstück als angelegt anzusehen ist, nach den bisherigen Gesetzen.

Artikel 6.

Die Vorschriften des Gesetzes über den Versicherungsvertrag, welche die Verjährung der Ansprüche aus dem Vertrage betreffen, finden auf die vor dem Inkrafttreten des Gesetzes entstandenen, noch nicht verjährten Ansprüche Anwendung. Der Beginn sowie die Hemmung und die Unterbrechung der Verjährung bestimmen sich jedoch für die Zeit vor dem Inkrafttreten nach den bisherigen Gesetzen.

Ist die Verjährungsfrist nach dem Gesetz über den Versicherungsvertrag kürzer als nach den bisherigen Gesetzen, so wird die kürzere Frist von dem Inkrafttreten des Gesetzes über den Versicherungsvertrag an berechnet. Läuft jedoch die in den bisherigen Gesetzen bestimmte längere Frist früher als die in dem Gesetz über den Versicherungsvertrag bestimmte kürzere Frist ab, so ist die Verjährung mit dem Ablaufe der längeren Frist vollendet.

Entwurf eines Gesetzes,
betreffend
Abänderung der Vorschriften des Handelsgesetzbuchs über die Seeversicherung.

Artikel 1.

Der zehnte Abschnitt des vierten Buches des Handelsgesetzbuchs wird dahin geändert:

I. Der §. 782 fällt weg.

II. An die Stelle der §§. 787 bis 791 treten folgende Vorschriften:

§. 787.

Ist ein Gegenstand gegen dieselbe Gefahr bei mehreren Versicherern versichert und übersteigen die Versicherungssummen zusammen den Versicherungswert (Doppelversicherung), so sind die Versicherer in der Weise als Gesamtschuldner verpflichtet, daß dem Versicherten jeder Versicherer für den Betrag haftet, dessen Zahlung ihm nach seinem Vertrag obliegt, der Versicherte aber im ganzen nicht mehr als den Betrag des Schadens verlangen kann.

Die Versicherer sind im Verhältnisse zu einander zu Anteilen nach Maßgabe der Beträge verpflichtet, deren Zahlung ihnen dem Versicherten gegenüber vertragsmäßig obliegt.

Hat der Versicherte Verträge in der Absicht geschlossen, sich durch Doppelversicherung einen rechtswidrigen Vermögensvorteil zu verschaffen, so sind die sämtlichen in dieser Absicht geschlossenen Verträge nichtig. Ein ohne solche Absicht eingegangenes Versicherungsverhältnis endigt, wenn später ein anderes Versicherungsverhältnis in solcher Absicht eingegangen wird. Jeder Versicherer kann die ganze Prämie verlangen.

§. 788.

Wird ein versichertes Interesse später gegen dieselbe Gefahr bei einem anderen Versicherer versichert, so ist diesem bei der Schließung des Vertrags von der früheren Versicherung, dem ersten Versicherer unverzüglich nach der Schließung von der neuen Versicherung Mitteilung zu machen.

In der Mitteilung ist der Versicherer, bei welchem die andere Versicherung genommen worden ist, zu bezeichnen und die Versicherungssumme anzugeben.

III. Die §§. 808 bis 811 werden durch folgende Vorschriften ersetzt:

§. 808.

Der Versicherer kann von dem Vertrage zurücktreten, wenn den Vorschriften der §§. 806, 807 zuwider die Anzeige eines erheblichen Umstandes unterblieben ist. Das Gleiche gilt, wenn die Anzeige eines erheblichen Umstandes deshalb unterblieben ist, weil sich der Versicherungsnehmer oder ein Beteiligter, dessen Kenntnis nach §. 806 Abs. 2 oder nach §. 807 erheblich ist, der Kenntnis des Umstandes arglistig entzogen hat.

Der Rücktritt ist ausgeschlossen, wenn der Versicherer den nicht angezeigten Umstand kannte oder wenn die Anzeige ohne Verschulden unterblieben ist.

§. 809.

Der Versicherer kann von dem Vertrage zurücktreten, wenn über einen erheblichen Umstand eine unrichtige Anzeige gemacht worden ist.

Der Rücktritt ist ausgeschlossen, wenn die Unrichtigkeit dem Versicherer bekannt war oder die Anzeige ohne Verschulden unrichtig gemacht worden ist.

§. 810.

Liegen die Voraussetzungen, unter denen der Versicherer zum Rücktritte berechtigt ist, in Ansehung eines Teiles der Gegenstände vor, auf welche sich die Versicherung bezieht, so steht dem Versicherer das Recht des Rücktritts für den übrigen Teil nur zu, wenn für diesen allein der Versicherer den Vertrag unter den gleichen Bestimmungen nicht geschlossen haben würde.

§. 811.

Der Rücktritt kann nur innerhalb eines Monats erfolgen. Die Frist beginnt mit dem Zeitpunkt, in welchem der Versicherer von der Verletzung der Anzeigepflicht Kenntnis erlangt.

Der Rücktritt erfolgt durch Erklärung gegenüber dem Versicherten. Tritt der Versicherer zurück, so gebührt ihm gleichwohl die ganze Prämie; der Versicherte hat die empfangene Entschädigungssumme zurückzugewähren und sie von der Zeit des Empfanges an zu verzinsen.

IV. Der §. 812 Abs. 3 fällt weg.

V. An die Stelle des §. 821 Nr. 4 tritt folgende Vorschrift:

4. der Schaden, welcher von dem Versicherten vorsätzlich oder aus grober Fahrlässigkeit, und bei der Versicherung von Gütern oder imaginärem Gewinn auch der Schaden, welcher von dem Ablader, Empfänger oder Kargadeur in dieser Eigenschaft vorsätzlich oder aus grober Fahrlässigkeit verursacht wird.

VI. Der §. 830 Abs. 1 erhält folgende Fassung:

Ist die Dauer der Versicherung nach Tagen, Wochen, Monaten oder nach einem mehrere Monate umfassenden Zeitraume bestimmt, so beginnt die Versicherung mit der Mittagsstunde des Tages, an welchem der Vertrag geschlossen wird. Sie endigt am Mittage des letzten Tages der Frist.

VII. Im §. 883 fällt der Hinweis auf den §. 782 weg.

VIII. An die Stelle der §§. 886, 887 treten folgende Vorschriften:

§. 886.

Bei der Versicherung für fremde Rechnung stehen die Rechte aus dem Versicherungsvertrage dem Versicherten zu. Die Aushändigung einer Police kann jedoch nur der Versicherungsnehmer verlangen.

Der Versicherte kann über seine Rechte ohne Zustimmung des Versicherungsnehmers nur verfügen, wenn er im Besitz einer Police ist.

§. 887.

Der Versicherungsnehmer kann über die Rechte aus dem Versicherungsvertrag im eigenen Namen verfügen. Zur Geltendmachung der Entschädigungsforderung ist er jedoch ohne Zustimmung des Versicherten nicht befugt, wenn dieser im Besitz einer Police ist.

Der Versicherer ist zur Zahlung der Entschädigung nur verpflichtet, wenn der Versicherungsnehmer ihm gegenüber nachweist, daß der Versicherte seine Zustimmung zu der Versicherung erteilt hat.

IX. Der §. 890 wird durch folgende Vorschrift ersetzt:

Der Versicherer kann gegen die Entschädigungsforderung eine Forderung, die ihm gegen den Versicherungsnehmer zusteht, insoweit aufrechnen, als sie auf dem Versicherungsverhältnisse beruht.

X. Im §. 895 fallen die Worte: „oder Doppelversicherung (§. 788)“ weg.

XI. Die §§. 898, 899 werden durch folgende Vorschriften ersetzt:

§. 898.

Wird über das Vermögen des Versicherers der Konkurs eröffnet, so endigt das Versicherungsverhältnis. Der Versicherte kann den auf die Zeit nach der Beendigung des Versicherungsverhältnisses entfallenden Teil der Prämie unter Abzug des Betrags der für diese Zeit aufgewendeten Kosten zurückfordern.

§. 899.

Wird die versicherte Sache von dem Versicherten veräußert, so tritt an Stelle des Veräußerers der Erwerber in die sich während der Dauer seines Eigentums aus dem Versicherungsverhältnis ergebenden Rechte und Pflichten des Versicherten ein. Für die Prämie haften der Veräußerer nnd der Erwerber als Gesamtschuldner.

Der Versicherer hat in Ansehung der durch das Versicherungsverhältnis gegen ihn begründeten Forderungen die Veräußerung erst dann gegen sich gelten zu lassen, wenn er von ihr Kenntnis erlangt; die Vorschriften der §§. 406 bis 408 des Bürgerlichen Gesetzbuchs finden entsprechende Anwendung.

Der Versicherer haftet nicht für die Gefahren, welche nicht eingetreten sein würden, wenn die Veräußerung unterblieben wäre.

Der Eintritt des Erwerbers in die Rechte und Pflichten des Versicherten kann durch eine Vereinbarung zwischen diesem und dem Erwerber ausgeschlossen werden. Hat der Erwerber von der Versicherung keine Kenntnis gehabt, so kann er das Versicherungsverhältnis ohne Einhaltung einer Kündigungsfrist kündigen. Das Kündigungsrecht erlischt, wenn der Erwerber es nicht innerhalb eines Monats von dem Zeitpunkt an ausübt, in welchem er von der Versicherung Kenntnis erlangt. Kündigt der Erwerber, so haftet er für die Prämie nicht.

Bei einer Zwangsversteigerung der versicherten Sache finden die Vorschriften der Abs. 1 bis 4 mit der Maßgabe entsprechende Anwendung, daß der Ersteher auch dann kündigen kann, wenn er von der Versicherung Kenntnis gehabt hat. Im Falle einer solchen Kenntnis erlischt das Kündigungsrecht des Erwerbers, wenn es nicht innerhalb eines Monats nach dem Zuschlag ausgeübt wird.

Artikel 2.

Dieses Gesetz tritt gleichzeitig mit dem Gesetz über den Versicherungsvertrag in Kraft.

Begründung.

Die Begründung des Gesetz-Entwurfs ist bei diesem Sonderabdruck fortgefallen, dieselbe befindet sich in der im Verlage von J. Guttentag, G. m. b. H., herausgegebenen amtlichen Ausgabe.

Inhaltsübersicht.

Entwurf eines Gesetzes über den Versicherungsvertrag.

Erster Abschnitt.

Vorschriften für sämtliche Versicherungszweige.

Zweiter Abschnitt.

Schadensversicherung.

Dritter Abschnitt.

Lebensversicherung.

Vierter Abschnitt.

Unfallversicherung.

Fünfter Abschnitt.

Schlußvorschriften.

Entwurf eines Einführungsgesetzes.

Entwurf eines Gesetzes, betreffend Abänderung der Vorschriften des Handelsgesetzbuchs über die Seeversicherung.

FSC
www.fsc.org
MIX
Papier | Fördert gute Waldnutzung
FSC® C083411

Kolibri 360 GmbH
Ferdinand-Jühlke-Straße 7
99095 Erfurt, Deutschland
produktsicherheit@kolibri360.de